자연에서 영감을 얻은
45가지 놀라운 제품, 물질, 청색기술 이야기

어린이를 위한
자연은 위대한 스승이다

이인식 글 | 나인완 그림

주니어김영사

어린이책으로 다시 태어나는 '청색기술' 이야기

　2022년 봄에 《자연은 위대한 스승이다》 출간 10주년을 기념하기 위해 만화로 만들어 보지 않겠느냐는 주니어김영사의 제안을 받고 잔뜩 기대감에 부풀었던 기억이 아직도 새롭습니다. 세계 최초로 청색기술(blue technology) 개념을 창안한 《자연은 위대한 스승이다》가 어린이 여러분을 위해 만화로 다시 태어나는 것은 참으로 반가운 일이 아닐 수 없으니까요.

　청색기술은 '생물의 구조와 기능을 연구하여 경제적 효율성이 뛰어나면서도 자연 친화적인 물질을 창조하는 과학 기술'을 의미합니다. 자연 전체가 연구 대상이 되므로 청색기술은 21세기 첨단 과학 기술의 핵심 분야가 대부분 관련되는 융합 기술이지요.

　청색기술이 각광을 받게 된 이유는 두 가지입니다. 하나는 청색기술이 청년 일자리 창출의 효과적인 수단이 될 가능성이 크다는 것이며, 다른 하나는 청색기술이 청색 행성 지구의 기후위기를 해결하는 참신한 방법으로 여겨진다는 것입니다. 요컨대 자연을 스승으로 삼고, 인류 사회의 지속 가능한 발전의 해법을 모색하는 청색기술은 단순히 과학기술의 하나가 아니라 미래를 바꾸는 혁신적인 접근 방법임에 틀림없습니다.

《자연은 위대한 스승이다》를 만화로 만드는 것도 어린이 여러분이 청색기술에 관심을 갖고 기후 위기와 탄소 중립 문제를 해결하는 주인공이 되길 바라마지 않기 때문입니다.

《어린이를 위한 자연은 위대한 스승이다》는 총 5장으로 구성됩니다. 1장은 자연을 본뜬 위대한 발명, 2장은 자연을 본떠 만든 물질을 소개하고, 3장에서는 자연에서 배우는 건축 기술, 4장에서는 동물과 식물 등 생물을 모방한 로봇을 다룹니다. 마지막 5장에서는 인체 부품을 보완하는 청색기술 사례를 살펴봅니다. 특히 청색기술과 관련된 사회적 쟁점 열한 개를 상자의 글로 별도로 소개했습니다.

이 책은 오로지 나인완 작가가 멋진 글과 그림으로 전력투구하여 만든 작품입니다. 그간의 수고에 감사의 뜻을 전합니다. 이렇게 좋은 만화책을 만들어 준 주니어김영사의 고세규 대표와 김인애 에디터에게 이 책이 행운을 안겨 주게 되길 바라는 마음 간절합니다.

끝으로 2012년 5월《자연은 위대한 스승이다》와 같은 시기에 태어난 선재(宣載)가 이 책을 사랑하게 되길 바랍니다.

서울 지식 융합 연구소에서
이인식

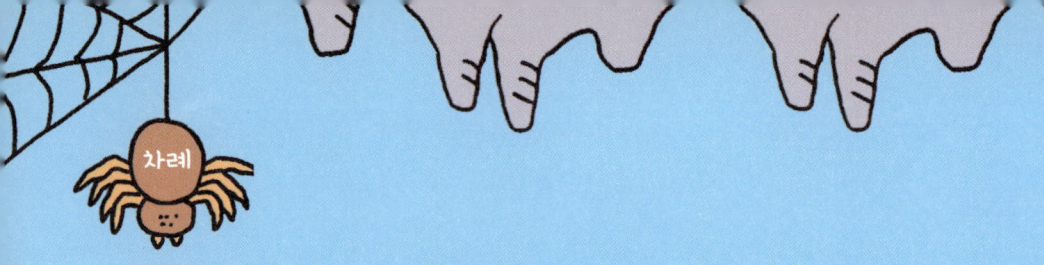

작가의 말 … 2

 **자연을 본뜬 위대한 발명** … 6

- 생물모방의 상징 벨크로 💡생물영감과 생물모방
- 장수말벌이 가르쳐 준 제지 기술 · 포도주를 마시는 기계 오리
- 신화 속 이카로스의 꿈 · 박쥐와 초음파 · 좀조개와 템스 터널
- 귀를 본떠 만든 전화기 · 수련과 수정궁 💡청색기술

 **자연을 본떠 만든 물질** … 28

- 도마뱀붙이와 나노 접착제 · 홍합과 습식 접착제 · 담쟁이덩굴과 접착 물질
- 연잎 효과와 자기 정화 물질 · 사막에서 물을 만드는 풍뎅이
- 완보동물과 아프리카 아이들 · 물총새, 펠리컨을 모방한 탈것
- 상어와 전신 수영복 💡스마트폰과 청색기술
- 벼룩과 잠자리의 고무 단백질 · 총알을 막아 내는 거미줄
- 전복 껍데기와 장갑차 · 솔방울을 본뜬 운동복 · 혹등고래와 풍력 발전
- 인공 나뭇잎과 인공 광합성 💡탄소 중립과 지속 가능 발전 · 모기와 무통 주사
- 쓸모 있는 흡혈 동물 · 소용돌이를 본떠 만든 물 처리 장치
- 문어 위장술을 본뜬 신소재 · 아쿠아포린에서 영감을 얻은 정수 기술
- 산호에서 배우는 시멘트 기술 💡희망의 빛 상과 에콘크리트
- 모르포나비, 오팔 그리고 구조색 · 거미불가사리와 해면의 광통신 기술
- 💡순환경제와 블루시티

3장 자연에서 배우는 건축 ··· 82
- 동물을 본뜬 건물 · 거미집을 모방한 대형 건조물 · 얼룩말과 에너지 절약 건물
- 위대한 흰개미 집단 떼지능 · 대나무 집의 쓰임새 · 수풀로 바뀌는 사막
- 생태계를 본뜬 생물모방 도시 파울리 아저씨, 고마워요!

4장 생물을 모방하는 로봇 ··· 100
- 사람을 닮은 로봇 · 동물을 모방한 로봇 · 소프트 로봇
- 떼지능 소프트웨어와 떼로봇 공학 · 식물을 모방한 로봇
- 박테리아 로봇 오리가미로 만물이 변신한다

5장 인체 부품을 보완한다 ··· 118
- 인공 장기와 신경 보철 · 코끼리와 보청기
- 고래 심장과 페이스메이커 청색경제

자연의 100대 혁신 기술 ··· 128
찾아보기 ··· 134

자연을 본뜬
위대한 발명

전화기, 수정궁, 벨크로…. 인류의 역사에 위대한 발명으로
기록되는 것들의 공통점은 무엇일까? 전화기는 사람의 귀를 모방했고,
19세기 최고의 건축물로 손꼽히는 수정궁은 수련의 잎에서 영감을 얻었어.
벨크로는 도꼬마리 씨앗에 달린 갈고리 모양의 가시를
흉내낸 것이지. 답은 모두 자연으로부터 배워 창조된 발명품이라는 거야!

메스트랄은 도꼬마리 씨앗에 수없이 많이 달린 갈고리를 본떠서 벨크로를 발명했어.

벨크로는 프랑스 말로 '두 장의 천으로 이루어진 갈고리와 고리 여미개'란 뜻이야. 도꼬마리 씨앗을 본뜬 갈고리들이 달린 꺼끌한 면과 걸림 고리들이 있는 부드러운 면을 붙여 떨어지지 않게 하는 접착 장치이지.

1951년 메스트랄은 벨크로의 특허를 출원해서 1955년부터 판매하기 시작했어.

옷이나 신발, 가방 등 두 짝을 붙였다 떼었다 할 수 있는 부분에 벨크로를 박음질해 달면, 단추나 지퍼보다 쉽게 여밀 수 있어.

벨크로는 붙였다 뗄 때 나는 '찌-지-직' 소리 때문에 일명 '찍찍이'라고도 불러. 벨크로는 상업적으로 대단한 성공을 거두었는데, 생물을 본떠 발명한 제품 중에서 가장 많이 팔렸어. 생물모방의 상징인 제품이라고 할 수 있지.

"벨크로 없인 못 살아!"

생물영감과 생물모방

"사람이 발명하는 재주가 아무리 다양하다 해도 자연보다는
더 아름답고 더 단순하거나 더 적절한 것을 결코 발명하지 못할 것이다.
자연의 발명에는 부족한 것도 넘치는 것도 없기 때문이다."

르네상스 시대 이탈리아 화가인 레오나르도 다 빈치(1452~1519)가 남긴 명언입니다. 다 빈치는 자연의 완벽한 발명 솜씨를 찬양하면서 인류가 자연을 스승으로 삼고 배울 것을 당부했다고 볼 수 있지요. 위대한 발명가인 다 빈치 역시 새의 날개와 꼬리의 모습을 본떠 그린 비행기 설계도를 100여 개나 남겼어요. 다 빈치는 하늘을 나는 기계를 만들려는 인류의 꿈을 과학적으로 실현하려고 시도한 최초의 인물로 여겨집니다. 그가 설계한 헬리콥터는, 훗날 그의 설계도처럼 실제로 구현되었습니다.

자연으로부터 배운 것을 발명에 활용하는 방법은 크게 두 가지가 있습니다. 생물영감과 생물모방입니다. 생물영감은 문자 그대로 생물체로부터 영감을 얻어 문제를 해결하려는 공학 기술 분야입니다.

생물모방의 뜻을 지닌 '바이오미미크리(biomimicry)'는 1982년부터 사용되긴 했으나 1997년에 재닌 베니어스가 펴낸 책《생물모방》이 주목을 받으면서 널리 사용되기 시작했습니다. 미국의 생물학 저술가인 베니어스는 이 책의 부제처럼, 생물모방

을 '자연에서 영감을 얻는 혁신'이라고 정의했지요. 이 책의 출간을 계기로 생물모방은 21세기 새로운 연구 분야로 각광을 받기 시작했습니다.

베니어스는 이 책에서 다음과 같이 생물모방의 중요성을 강조했습니다.

"박테리아가 지구상에 처음 나타난 이후 38억 년에 걸친 연구와 개발의 결과, 생물 중에서 실패작들은 화석이 되었고 지금 우리가 주변에서 볼 수 있는 것은 모두 생존의 비밀을 가지고 있다. 우리의 세계가 자연 세계를 더 닮고 자연 세계처럼 기능을 발휘하면 할수록 이 행성은 우리를 더 잘 받아들일 것이다."

베니어스는 자연으로부터 배운 것을 토대로 성취할 수 있는 혁신에 대해서는 다음과 같이 나열했습니다.

"나뭇잎을 모방한 태양 전지, 거미줄처럼 꼰 강철 섬유, 조개를 모방한 깨지지 않는 세라믹, 침팬지로부터 배운 암 치료법, 다년생 들풀에서 영감을 얻은 다년생 곡물, 세포처럼 신호를 보내는 컴퓨터, 미국 삼나무 숲에서 교훈을 얻는 경제 등 어떤 경우에도 자연은 모델이 된다."

생물영감 또는 생물모방은 자연 전체가 모델이 되므로 연구의 범위를 가늠하기 어려울 정도로 깊고 넓답니다.

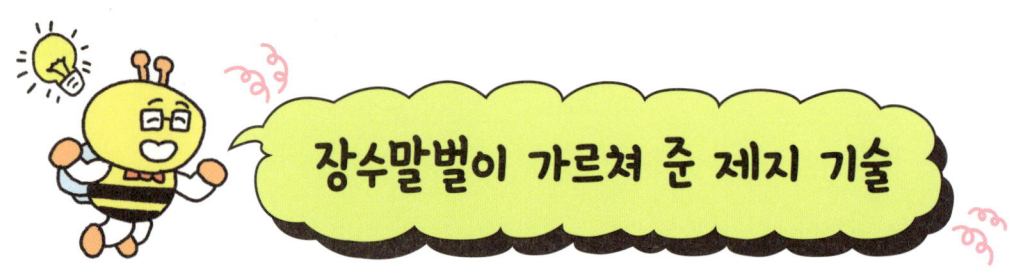

장수말벌이 가르쳐 준 제지 기술

1719년경 프랑스의 저명한 곤충학자인 르네 앙투안 레오뮈르(1683~1757)는 장수말벌이 집을 짓는 것을 지켜보고 나무로 종이를 만들 수 있다는 생각을 떠올렸어.

종이를 뜻하는 영어 '페이퍼'는 고대 이집트의 나일강 삼각주에서 자라던 갈대 파피루스에서 유래했지.

기원전 3500년경에 이집트 사람들은 파피루스 줄기의 껍질을 벗겨 내고, 부드러운 속을 가늘게 잘라 물을 먹인 뒤 편평하게 펴서 일종의 종이를 만들어 냈어.

오늘날의 종이와 가장 비슷한 것은 서기 105년, 중국의 채륜이라는 사람이 처음으로 개발했어.

후후! 내가 바로 그 채륜!

채륜은 뽕나무 껍질, 솜이나 넝마 따위를 삶은 뒤 잘게 썬 다음, 물에 풀어서 죽 같은 펄프를 만들었지.

골고루 섞어 섞어!

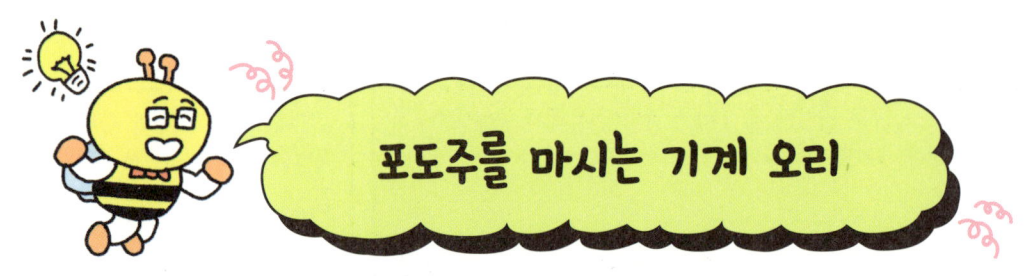

포도주를 마시는 기계 오리

1739년 프랑스 파리의 루이 15세 궁정에서는 자크 드 보캉송(1709~1782)이 만든 오리처럼 생긴 기계 장치를 놓고 귀족들 사이에서 생명의 의미에 관한 열띤 논쟁이 시작되었어.

그런데 동서양의 역사를 살펴보면 보캉송의 오리처럼 스스로 움직이는 자동 기계를 만들어 사용한 흔적을 발견할 수 있어.

6세기 후반 중국에는 술 따르는 로봇이 있었지.

또 18세기 유럽 대부분의 대도시에는 코끼리 또는 공작새를 닮은 자동 기계가 있었어. 이런 자동 기계의 걸작이 바로 보캉송의 기계 오리야.

보캉송은 여러 종류의 자동 기계를 만든 천재였어. 1738년에는 플루트를 연주하는 자동 인형을 파리의 한 호텔에 전시하여 엄청난 성공을 거두었지.

1739년에는 두 개의 자동 기계를 추가로 전시했는데, 하나는 한쪽 손이 북을 치는 동안 다른 손으로 피리를 연주하는 자동 인형이고 다른 하나가 기계 오리야.

보캉송은 자연을 모방하는 방식으로 기계 오리를 만들었어. 이 오리가 무대 위에서 포도주를 마시고 대변도 본다는 거야. 이 소문이 프랑스 전국에 퍼져 많은 구경꾼이 몰려들어 파리가 떠들썩했다는 기록이 있어.

기계 오리는 살아 있는 오리처럼 깃털을 고르고

꽥꽥거리고

곡식 낱알을 먹고, 물을 마시고

뒤뚱거리고

물속에서 첨벙대며 물장구를 칠 수 있었지.

그러나 불행히도 기계 오리는 물론이고 오리의 제작도면 조차 남아 있지 않아. 다만 날갯죽지 하나가 400개 이상의 부품으로 만들어졌으며, 한번 망가지면 고치는 데만 4년 이상 걸렸다는 기록이 남아 있어.

신화 속 이카로스의 꿈

인간 최초의 비행 기록을 세운 사람은 프랑스의 조제프 몽골피에(1740~1810)와 자크 몽골피에(1745~1799)야.

몽골피에 형제는 1783년 9월 베르사유 궁전에서 양털 뭉치, 동물 사체를 태워서 나온 뜨거운 공기로 자신들이 만든 열기구를 띄웠어.

11분 뒤, 비단으로 만든 화려한 풍선이 하늘 높이 떠올랐지. 양, 수탉, 오리가 각각 한 마리씩 타고 있었던 이 풍선은 8분 동안 하늘을 난 뒤 안전하게 착륙했어.

형제는 같은 해 11월에 풍선을 타고 고도 26미터의 파리 상공을 25분 동안 비행했어. 처음으로 사람이 하늘을 나는 순간이었지. 마침내 신화 속 '이카로스의 꿈'이 실현된 거야.

<그리스 신화> 속 이카로스는 아테네에서 가장 뛰어난 기술자였던 다이달로스의 아들이야. 미노스 왕의 노여움을 사 미궁에 갇힌 다이달로스는 탈출하려고 깃털을 모아 밀랍으로 붙인 날개를 만들었어. 다이달로스는 아들에게 날개를 달아 주며 "너무 낮게 날면 깃털이 파도에 젖고, 너무 높게 날면 밀랍이 태양열에 녹는다."고 당부하지만 하늘을 날고 싶었던 이카로스는 아버지의 당부에도 태양 가까이에 다가가지. 결국 날개의 밀랍이 뜨거운 태양에 녹아, 이카로스는 바다에 추락하고 말아.

다이달로스처럼 하늘을 나는 기계를 꿈꾼 사람들이 이카로스처럼 목숨을 잃었어. 중세 유럽에서는 새의 날개를 본떠 만든 옷을 입거나 널찍한 외투를 걸치고 탑에서 떨어져 죽은 사람들이 적지 않았다고 해.

1889년 독일의 오토 릴리엔탈(1848~1896)은 황새의 비상을 관찰한 끝에 글라이더를 만들었어. 1896년 글라이더를 타고 비행하던 중에 추락하여 목숨을 잃었지.

최초의 동력 비행에 성공한 사람은 라이트 형제야. 1903년 그들은 무게 300킬로그램짜리 동력 비행기를 타고 36미터 상공에서 59초 동안 무사히 비행했어.

박쥐와 초음파

박쥐는 어두컴컴한 동굴 속에서 부딪히지 않고 날아다니며 먹이를 잡아먹어.

18세기 이탈리아 생물학자인 라차로 스팔란차니(1729~1799)는 빛이 없는 깜깜한 방 안에 아주 가는 철사를 둘러치고 박쥐를 풀어놓았어. 그런데 박쥐는 아무렇지 않게 철사를 피해서 날아다녔을 뿐 아니라 멀리 떨어진 곳에 있던 나방까지 정확히 낚아챘어.

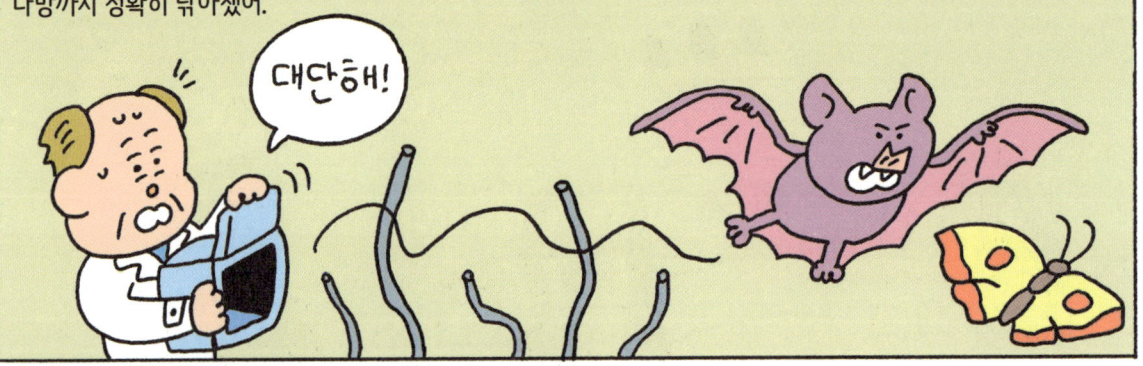

연구 끝에 스팔란차니는 박쥐의 귀를 막으면 깜깜한 어둠 속에서 날아다닐 수 있는 능력이 떨어진다는 사실을 밝혀냈어. 박쥐는 눈이 아니라 귀로 어둠 속의 물체를 구별했던 거야.

이런 사실이 뒤늦게 밝혀진 까닭은 박쥐가 듣는 소리를 사람은 들을 수 없어서야. 사람의 귀는 보통 16~2만 헤르츠(Hz) 사이의 소리를 들을 수 있지만 2만 헤르츠 이상의 음파, '초음파'는 들을 수 없거든.

박쥐는 콧구멍에서 초음파를 발사하는데, 그 초음파가 물체에 부딪히면서 생기는 진동의 세기를 감지하여 물체의 구성 물질을 알아내지. 초음파가 되돌아오는 시간으로 물체와의 거리를 파악하는 거야. 이처럼 박쥐가 자신이 발사한 초음파로 물체의 존재를 측정하는 능력을 '반향정위'라고 해.

초음파를 이용하는 기술은 다양하게 개발되었어. 물속의 물체를 탐지하는 수중 초음파는 박쥐처럼 목표 물체에 초음파를 발사해 반사되어 오는 시간을 측정해서 바다 밑의 상태와 난파선이나 물고기 떼의 위치를 파악해.

의료 분야에서도 널리 활용되는데, 심장이나 간, 유방 등 신체의 특정 부위로 보낸 초음파가 반사되어 오는 것을 포착해 움직이는 영상으로 나타낼 수 있어. 또 임신 중에 태아의 상태를 파악할 수 있고 체세포보다 딱딱한 조직의 유무를 감지해 각종 종양이나 암을 진단하기도 하지.

좀조개와 템스 터널

1843년 3월 영국 런던은 흥분의 도가니였어. 나룻배로 왕래하던 템스강 아래를 지나는 터널을 뚫는 데 성공한 거야.

세계 최초의 수중 터널을 구경하기 위해 사람들이 벌 떼처럼 몰려들었고, 빅토리아 여왕도 행차할 정도였지.

템스 터널을 건설한 사람은 프랑스 출신의 영국 기술자 마크 브루넬(1769~1849)이야. 그 당시 강 밑으로 굴을 뚫는다는 것은 거의 불가능했어. 경험도 없었고, 자금과 노동력도 충분하지 않았지.

1815년 브루넬은 부두를 지나다가 우연히 배좀벌레조개(좀조개)가 구멍 뚫어 놓은 통나무를 보고 터널 뚫는 기술을 생각해 냈어.

좀조개는 부두의 말뚝처럼 바닷물에 잠겨 있는 단단한 나무 속을 갉아 먹으며 매끈하게 구멍을 뚫는 조개야. 이 악명 높은 쌍각류 연체동물은 두 개의 껍데기로 몸을 보호하는데, 껍데기가 맞붙은 부위의 가장자리가 톱니처럼 돼 있지.

좀조개가 구멍(굴)을 파기 시작하면 빨판과 비슷한 발로 몸을 나무에 단단히 고정시켜. 그다음에는 강판과 비슷한 껍데기 가장자리를 나무에 대고 앞뒤 좌우로 춤을 추듯이 회전하면서 나무 속을 갉아 내지. 이때 좀조개는 흡입 기관으로 깎인 나무 가루를 빨아들여 영양분을 섭취해. 이어서 일종의 강화제인 액체를 뿜어 내 굴의 벽에 발라. 그러면 굴이 단단하게 굳어 무너지지 않지.

1818년 브루넬은 좀조개에서 얻은 아이디어로 '터널링 실드'를 만들었어. 터널링 실드는 강 아래나 지하수층이 있는 땅속에 터널을 팔 때 쓰는 기계야. 거대한 나사 잭을 이용해 연약 지반을 밀고 나가면서 땅을 파는 철제 보호 장치라고 할 수 있지.

템스 터널 공사는 19년이 걸렸어. 좀조개를 모방한 터널링 실드가 없었더라면 훨씬 더 많은 시간과 인력이 필요했을 거야. 수면 아래 23미터 깊이에 있는 템스 터널은 여전히 런던의 명물이야.

귀를 본떠 만든 전화기

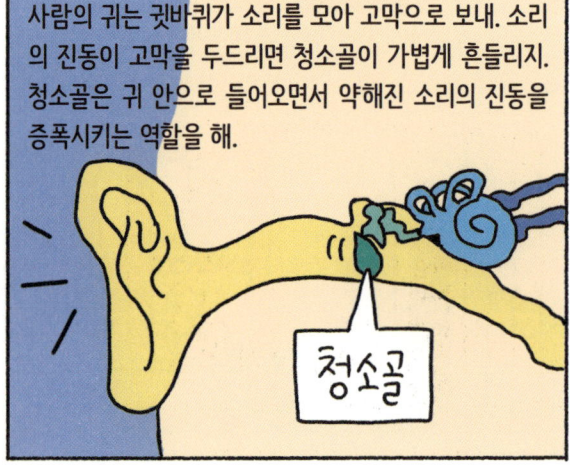

라이스는 나무로 만든 인공 귀를 이용해 학생들에게 음파가 전류로 바뀌는 것을 보여 주고 싶었어. 그래서 인공 귀처럼 나무로 송화기와 수화기를 만들어서 전지에 연결시켰지. 송화기에 대고 소리를 내자 수화기의 얇은 막이 가늘게 떨리면서 백금 청소골의 접촉부가 움직였어.

라이스가 소리의 진동을 전기 신호로 바꾸었다가, 그 전기 신호를 다시 소리로 바꾸는 데 성공한 거야. 그는 '먼 거리에 소리를 보내는 장비'를 발명하고 그리스어로 '먼 거리(텔레)'와 '소리(폰)'라는 뜻의 단어를 합성해 텔레폰(telephone)이라고 이름 지었어.

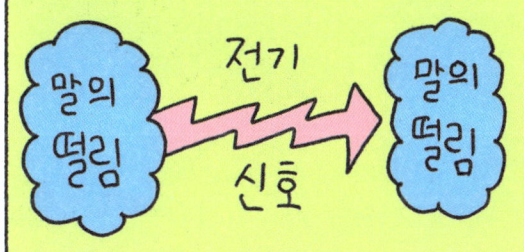

한편 라이스가 전화기를 발명한 지 약 15년이 지난 1876년 2월 미국의 알렉산더 그레이엄 벨(1847~1922)이 전화기 특허를 출원했어. 우리가 잘 알고 있는 벨이 전화기 발명가로 인정받은 거야.

수련과 수정궁

1851년 5월 1일 런던에서 만국 박람회가 열렸어. 영국 왕실에서 여러 나라가 참가하는 최초의 박람회를 개최한 거야. 박람회가 열린 141일 동안 관람객이 600만 명을 넘었어. 빅토리아 여왕도 열다섯 번이나 박람회장을 다녀갔다고 해.

가장 붐빈 날에는 박람회가 열린 수정궁 안에 9만 명의 관람객이 몰렸어. 수정궁은 가로 122미터, 세로 547미터로 약 2만 평이나 되는 땅에 세워진 조립식 건물이야. 엄청난 양의 철과 유리가 사용되었지만, 규격화된 재료로 지어진 덕분에 건설하는 데 걸린 시간은 고작 17주였지.

수정궁을 설계한 조지프 팩스턴(1803~1865)은 젊은 시절 정원사로 일했는데,

남아메리카에서 가져온 열대 수련의 씨앗을 꽃 피워서 빅토리아 여왕의 이름을 붙여 여왕에게 선물로 바치기도 했어.

열대 수련의 잎은 지름이 150~180센티미터나 되었는데, 어린아이를 잎 위에 올려놓아도 수련의 잎과 줄기가 그 무게를 받쳐 줄 정도였대.

팩스턴은 수련의 잎이 그렇게 튼튼한 이유가 지붕의 서까래처럼 서로 연결되어 있는 '엽맥' 때문이라는 사실을 발견하고, 이를 건물 설계에 응용했어.

팩스턴은 수련의 잎을 본떠서 금속 들보와 기둥이 유리 지붕을 받쳐 주는 80평짜리 온실을 지었어. 1850년 7월에는 온실 지붕처럼 유리로 넓은 면적을 덮는 기술, 곧 '산등성이와 골짜기' 기술의 특허를 출원했지. 이 독특한 지붕 기술에서 수정궁의 설계 개념이 나온 거야.

산등성이와 골짜기 지붕은 보기도 좋고 배수도 잘되었으며, 모든 재료를 규격화할 수 있어서 공사도 수월했어.

수정궁은 만국 박람회를 성공적으로 마치고 해체되었어. 이듬해 교외에 다시 조립되었지만, 1936년 화재로 완전히 타 버리고 말았어. 수정궁은 아직까지 가장 위대한 공공 건물의 하나로 인정받고 있어.

청색기술

    생물영감과 생물모방을 아우르는 용어가 해외에서도 아직 나타나지 않아, 2012년에 펴낸 《자연은 위대한 스승이다》에서 '청색기술(blue technology)'이라는 낱말을 만들어 사용했습니다. 청색기술은 '생물의 구조와 기능을 연구하여 경제적 효율성이 뛰어나면서도 자연 친화적인 물질을 창조하려는 과학 기술'을 의미합니다. 자연 전체가 연구 대상이 되므로 청색기술은 생물학·생태학·생명 공학·나노 기술·재료 공학·로봇 공학·인공 지능·뇌 과학·집단 지능·건축학·스마트 도시·에너지 등 첨단 과학 기술의 핵심 분야가 대부분 관련되는 융합 기술입니다.

    21세기 들어 청색기술이 각광을 받게 된 까닭은 크게 두 가지로 볼 수 있습니다.

    하나는 '나노 기술'의 발달입니다. 생물의 구조와 기능을 나노미터(10억분의 1미터) 수준에서 파악할 수 있게 됨에 따라 생물을 본뜬 물질을 만들어 낼 수 있게 되었기 때문입니다. 이를 테면 도마뱀붙이 발가락의 빨판, 연잎 표면의 돌기, 공작새 깃털의 단백질, 전복 껍데기의 구조는 모두 나노 크기의 물질로 이루어져 있습니다.

    다른 하나의 이유는 청색기술이 청색 행성인 지구의 기후 변화를 해결하는 참신한 접근 방법으로 여겨지기 때문입니다.

    재닌 베니어스가 《생물모방》에서 명쾌하게 일갈한 대목에 그 이유가 함축되어 있습니다.

"생물들은 화석 연료를 고갈시키시 않고 지구를 오염시키지도 않으며
미래를 저당 잡히지 않고도 지금 우리가 하고자 하는 일을 전부 해 왔다.
이보다 더 좋은 모델이 어디에 있겠는가?"

청색기술은 무엇보다 녹색기술의 한계를 보완할 가능성이 커 보입니다. 녹색기술은 환경 오염이 발생한 뒤에 사후 처리적 대응 측면이 강한 반면에 청색기술은 환경 오염 물질의 발생을 사전에 원천적으로 억제하려는 기술이기 때문입니다.

청색기술이 발전하면 기존 과학 기술의 틀에 갇힌 녹색성장의 한계를 뛰어넘는 청색성장으로 일자리 창출과 기후 위기 해결이라는 두 마리 토끼를 함께 잡을 수 있습니다. 요컨대 지속 가능 발전을 담보하는 명실상부한 '블루오션*'이 아닐 수 없지요. 선진국을 따라가던 '추격자'에서 블루오션을 개척하는 '선도자'로 변신을 꾀하는 우리나라의 혁신 성장 전략에도 안성맞춤인 융합 기술이에요.

이런 맥락에서 2015년부터 경상북도와 전라남도 같은 지방 자치 단체가 청색기술을 미래 전략 산업으로 육성하는 정책을 추진하고 있어요. 2020년 6월 21대 국회에 〈청색기술 개발 촉진법〉이 발의되는 등 청색기술 시대가 다가오고 있습니다.

*블루오션(Blue Ocean): 아직 시장에 뛰어든 사람이 적은 데다, 경쟁자 또한 적어 이득을 많이 낼 수 있는 직종이나 분야

자연을 본떠 만든 물질

우리 주변의 생물은 오랜 시간 진화를 거듭하는 과정에서
슬기롭게 대처해 살아남은 존재들이야.
이런 생물의 구조와 기능을 본뜬다면 경제적 효율성은 물론
환경 친화적인 물질을 만들어 낼 수 있지 않을까?
지금부터 자연을 본떠 만든 물질은 무엇이 있는지 살펴보자!

도마뱀붙이와 나노 접착제

야행성 동물인 도마뱀붙이의 몸길이는 꼬리를 포함해서 30~50센티미터.

몸무게는 4~5킬로그램 정도이지.

중앙아시아, 남부 유럽, 아메리카 대륙의 사막과 밀림에 살고 있으며 약 2000여 종이 존재해.

파리 따위의 곤충처럼 벽을 따라 기어오르는가 하면 천장에 거꾸로 매달려 걷는 게 특징이야.

미국의 동물학자 켈라 오텀은 도마뱀붙이 연구에 열정적이었어. 오텀은 '만유 인력의 법칙'을 거스르는 도마뱀붙이의 능력이 발가락 바닥의 특수한 구조에서 비롯된다는 것을 밝혀냈지.

발바닥이 비밀의 열쇠였어!

그만 좀 쳐다 봐.

도마뱀붙이의 발가락 바닥에는 사람의 손금처럼 작은 주름이 있는데 이 작은 주름들은 뻣뻣한 털(강모)로 덮여 있어. 강모는 1제곱밀리미터에 약 1만 5000개, 그러니까 발바닥 한 개에 강모가 50만 개 정도 있는 셈이야. 작은 빗자루처럼 생긴 강모의 길이는 약 0.1밀리미터야.

강모 끝의 100~1000개나 되는 잔가지는 오징어나 거머리의 빨판처럼 뭉툭하게 생겼는데, 지름은 200나노미터 정도야.

도마뱀붙이 한 마리는 이러한 나노 빨판을 약 10억 개 갖고 있어. 이 빨판 덕분에 천장에 매달려 걸어 다닐 수 있는 거지.

2000년 오텀은 도마뱀붙이의 강모가 표면과 접촉할 때 작용하는 힘이 분자들이 서로 끌어당기는 '인력', 곧 '반 데르 발스 힘'이라는 결론을 내렸어. 두 물체가 2나노미터 이하로 떨어져 있을 때에만 작용하는 힘이야. 네덜란드의 물리학자 요하네스 반 데르 발스가 제안한 개념에서 따온 이름이지.

나노 빨판 하나가 지탱하는 힘은 1만분의 1그램밖에 안 돼. 하지만 발바닥 한 개에는 나노 빨판을 가진 강모가 50만 개나 있기 때문에 강모가 모두 동시에 접착을 한다면, 몸무게가 120킬로그램인 사람까지 들 수 있어.

미국의 공학 기술자인 론 피어링은 강모를 모방한 접착제를 개발했어. 가정에서 건식 접착제로 사용될 뿐만 아니라 반도체 같은 마이크로 전자 제품의 조립에도 사용될 수 있지.

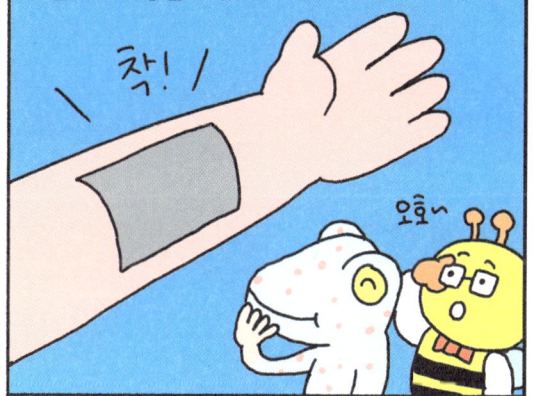

2004년 서울대학교 기계 항공 공학부의 서갑양 교수는 도마뱀붙이 발바닥보다 접착력이 두 배 강한 도마뱀붙이 접착제를 개발했어. 미국 스탠퍼드대학교의 김상배 연구원은 강모를 모방해 만든 로봇 스티키봇을 개발했는데, 미국 시사 주간지 〈타임〉의 2006년 최고의 발명품으로 선정되기도 했지.

도마뱀붙이의 나노 빨판을 모방한 나노 접착제는 '스파이더맨'처럼 천장과 벽을 걸어 다니는 꿈을 현실로 만들어 줄지도 몰라.

홍합과 습식 접착제

홍합은 깊이 20미터 정도 물속의 바위에 달라붙어 살며 파도가 쳐도 떠밀려 가지 않아. 연체동물인 홍합은 단단한 껍데기로 둘러싸여 있는데, 한쪽 껍데기를 바위에 고정시키고 다른 쪽 껍데기를 열어 바닷물 속의 먹이를 먹으며 살지.

홍합은 소용돌이 치는 해류 속에서 자기 몸을 미끄러운 바위에 단단히 밀착시키기 위해 단백질을 사용해. 홍합이 분비하는 접착성 단백질은 나무와 금속, 심지어 뼈까지 거의 모든 표면의 틈을 뚫고 들어가 달라붙을 수 있어.

홍합에는 지름 0.1밀리미터의 가느다란 실인 '족사'가 있어. 홍합의 몸을 다른 물체에 고정시킬 때 사용하는 단백질 섬유야. 족사 끝에 달린 '플라크'라는 작은 판이 접착성 단백질에 의해 바위에 꼭 달라붙어. 족사가 홍합의 부드러운 몸을 플라크에 연결해 주는 거지.

홍합은 꼭 혀처럼 생긴 통통한 발을 내밀어 먼저 발끝을 바위 같은 단단한 접착 부위에 대고 눌러. 발끝 부위에서 접착성 단백질이 분비되면 족사의 긴 홈 안으로 들어가는 거야. 그 홈 안에서 족사와 플라크가 조립되고 단단해져. 그다음에 다시 발끝에서 접착성 단백질이 플라크와 접촉 표면 사이로 분출되고, 접착성 단백질은 곧 굳어.

담쟁이덩굴과 접착 물질

담쟁이덩굴의 줄기 끝에는 지름 3밀리미터의 동그란 원반이 7~9개씩 달려 있어.

원반에는 지름 10~15마이크로미터, 길이 100~200마이크로미터의 뿌리털이 여러 개 나 있지.

담쟁이덩굴의 줄기는 억지로 떼면 담벼락에 바른 콘크리트가 떨어져 나올 정도로 강하게 달라붙어 있어.

2010년 5월 독일 프라이부르크대학교 토마스 스페크는 담쟁이덩굴이 벽에 달라붙는 원리를 밝혀냈어. 담쟁이덩굴 줄기 끝에 있는 뿌리털이 벽면에 파인 미세한 홈으로 들어가서 홈 안쪽에 고리처럼 걸리는 원리였지.

뿌리털 하나는 하나의 세포로 구성되어 있어. 이 세포에서 끈적끈적한 접착성 액체가 분비되는데 이 분비 물질은 홈을 완전히 메우고 눈 깜짝할 사이에 굳어.

홈을 메운 접착 물질 속에 들어 있는 뿌리털이 마치 콘크리트의 철근 같은 역할을 하기 때문에 담쟁이덩굴이 벽에 단단히 달라붙을 수 있는 거야. 표면에 붙은 원반 한 개는 제 무게의 무려 200만 배나 되는 600그램 정도의 무게를 지탱한다고 해.

미국 테네시대학교 밍준 장은 담쟁이덩굴 줄기의 접착력은 뿌리털이 분비하는 접착성 액체 속 나노 입자에 의해 더욱 강력해진다는 사실을 알아냈어. 접착 물질 안에 있는 입자의 크기가 나노미터 수준으로 작아지면, 표면적이 증가해 벽과 접촉하는 면적이 크게 늘어나서 접착력도 더욱 커지는 거지.

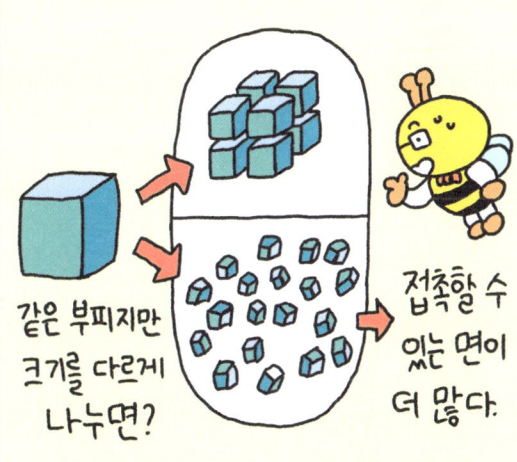

담쟁이덩굴의 접착력을 응용하는 연구도 활발하게 진행 중이야. 먼저 담쟁이덩굴 줄기가 벽을 타고 오를 때 분비되는 물질로 의료용 접착제를 만들 수 있어.

2010년 7월 밍준 장은 담쟁이덩굴 접착 물질의 나노 입자가 자외선으로부터 피부를 보호하는 능력이 있다고 발표했어. 담쟁이덩굴의 나노 입자를 사용한 선크림은 자외선 차단 능력이 뛰어나고 인체에 해를 끼치지 않으며, 접착력 때문에 물에 들어갔다 나온 뒤에 다시 바를 필요가 없다고 해.

연잎 효과와 자기 정화 물질

연은 동양 문화에서 여러 가지를 상징해. 일출과 함께 피어나 일몰과 함께 지는 연은 부활, 창조, 풍요, 재생, 불멸을 뜻하지.

연은 흙탕물에서 살아도 잎사귀는 항상 깨끗해. 비가 내리면 물방울이 잎을 적시지 않고 주르르 흘러내리면서 잎에 묻은 먼지나 오염 물질을 쓸어 내기 때문이지. 연의 잎사귀가 물에 젖지 않고 언제나 깨끗한 상태를 유지하는 자기 정화 현상을 '연잎 효과'라고 해.

이러한 자기 정화 효과는 잎의 '습윤성', 곧 물에 젖기 쉬운 정도에 달려 있어. 습윤성은 '친수성'과 '소수성'으로 나뉘는데, 물이 잎 표면을 많이 적시면 물과 친하다는 뜻으로 친수성, 그 반대는 소수성이라고 해. 이러한 성질은 물방울과 잎 표면이 접촉하는 각도로 표시할 수 있어.

친수성 표면에서는 물방울이 넓게 퍼져서 물이 잎 표면과 만드는 접촉 각도가 30도 미만인 한편, 소수성 표면에서는 물이 방울로 뭉쳐서 접촉 각도는 90도가 넘어. 물을 극도로 배척하는 '초소수성' 표면에서는 물방울이 거의 구형에 가깝고 접촉 각도는 150도 이상이지.

연잎은 표면에 작은 돌기가 많아서 물을 배척하는 초소수성 표면이라고 할 수 있어. 연잎의 돌기로 물방울과 표면 사이의 접촉 면적은 극적으로 감소하지. 이런 표면에 먼지가 내려앉을 때 역시 표면과 먼지의 접촉점이 거의 없어, 물과 함께 쉽게 씻겨 내려가는 거야.

연잎 표면의 작은 돌기 때문에 연잎 효과가 나타난다는 사실을 알아낸 사람은 독일의 식물학자인 빌헬름 바르트로트야.

바르트로트는 1998년 연잎 효과의 특허를 땄어. 그리고 1999년 연잎 효과를 활용한 첫 번째 제품이 시장에 나왔지. 건물 외벽에 바르는 자기 정화 페인트야.

저절로 방수가 되고 때가 끼는 것을 막아 주는 연잎 효과는 그 응용 가능성이 무궁무진해. 화장실 변기, 계단, 창틀 등 먼지가 잘 쌓이는 곳에 자기 정화 표면 기술을 적용시킬 수 있어. 최근에는 물에 젖지도 않고 더러워지지도 않는 옷이 개발되었어. 이 옷의 섬유 표면에는 연잎 효과를 내는 아주 작은 보푸라기들이 수없이 붙어 있지.

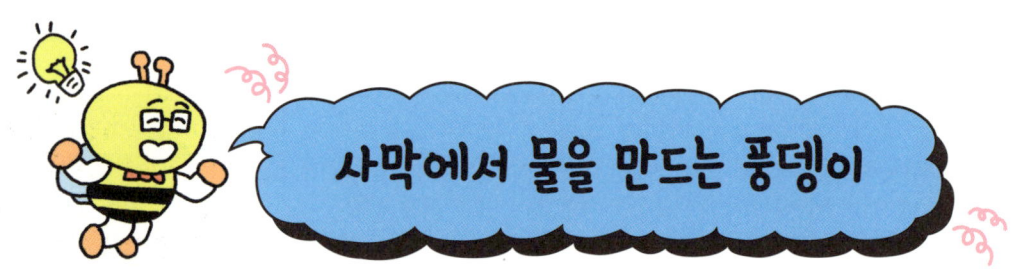

사막에서 물을 만드는 풍뎅이

풍뎅이는 몸길이가 17~23밀리미터인 절지동물이야.

달걀 모양의 몸에서는 강한 광택이 나고 등짝에는 작은 점 구멍이 흩어져 있으며, 양옆에 오목한 곳이 1~3개 있어.

알에서 성충이 되기까지 1~2년이 걸리며, 성충은 6~7월에 가장 많이 나타나.

알 → 유충 → 성충

풍뎅잇과 곤충은 전 세계적으로 2만 5000종이 있고, 우리나라에는 약 230종이 서식하지. 식물의 잎이나 꽃을 갉아 먹는 종과 동물의 배설물을 먹고사는 종으로 크게 나뉘어.

그중 강수량이 적기로 유명한 아프리카 남서부의 나미브 사막에 사는 나미브사막풍뎅이는 물기라고는 한 달에 서너 번, 아침 산들바람에 실려 오는 안개의 수분뿐이지만 생존에는 문제없어. 안개에서 생존에 필요한 물을 만들어 낼 수 있기 때문이지.

나미브사막풍뎅이가 안개에서 물을 만들어 낸다는 사실은 일찌감치 알려졌지만 아무도 그 비밀을 찾으려 하지 않았어. 그러다 2001년 영국의 젊은 동물학자 앤드루 파커는 풍뎅이의 등짝에 있는 돌기에서 수분이 만들어진다는 사실을 알아냈어.

여기서 어떻게?

다 방법이 있지!

오호

완보동물과 아프리카 아이들

전 세계 땅속과 늪에서 발견되는 완보동물은 몸길이가 최대 1.5밀리미터, 최소 0.05밀리미터로 평균 0.5밀리미터밖에 되지 않는 미생물이야.

물곰은 호흡과 같은 생명 활동을 멈추는 '가사 상태' 혹은 일종의 '휴면 상태'에 빠지면 30년 동안 먹이와 물 없이도 살 수 있어.

벌써 30년이 지났나..?

다리가 8개이고 물속을 헤엄치는 곰처럼 생겼다고 해서 '물곰'이라 불리기도 해.

나?

심지어 영하 273도의 낮은 온도와 151도의 고온에도 버티지.

물곰이 극한 환경에서도 생존할 수 있는 이유는 세포 안에 있는 특수한 당 덕분이야. 트레할로오스라는 이 당분은 세포막을 보호해 수분 증발을 방지한다고 해.

세포 안에 트레할로오스의 농도를 높게 유지함으로써 30년 동안 물 한 모금 마시지 않고 살 수 있는 거지.

진짜 물도 안 먹어?

트레할로오스 농도만 높으면!

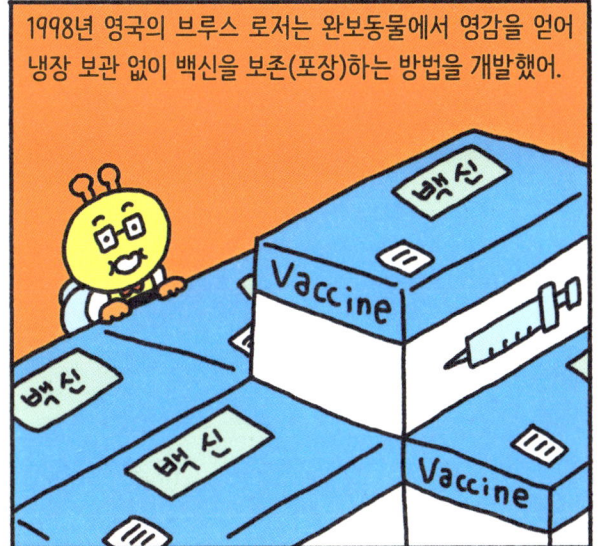

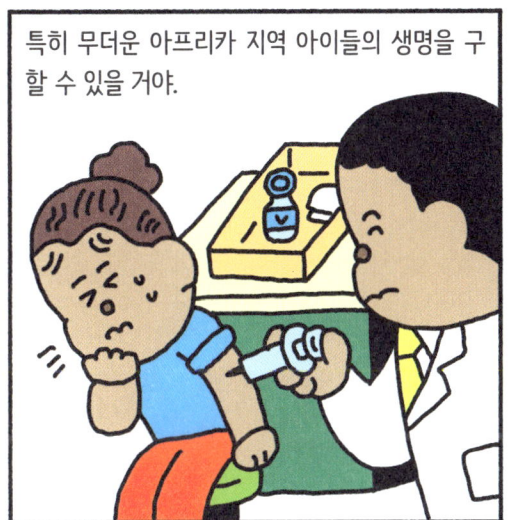

물총새, 펠리컨을 모방한 탈것

1964년 일본 최초의 고속 철도, 신칸센 운행이 시작되었어. 신칸센 열차는 시속 300킬로미터까지 주행할 수 있어, '탄환 열차'라고 불리기도 했어.

초기 탄환 열차의 속도가 워낙 빨라서 열차가 터널 밖으로 빠져나가는 순간, 터널 속에 뭉쳐 있던 공기가 급속도로 팽창하면서 천둥처럼 굉음이 울렸어. 이 소리는 인근 주민들에게 고통이었지.

탄환 열차 전문가들은 소음 문제 해결 방안을 궁리한 끝에 물총새에서 해답을 찾았어. 몸길이 17센티미터의 물총새는 물가에 살면서 물고기를 잡아먹어.

물총새는 하루에 50마리의 물고기를 잡아먹기 위해 빠른 속도로 물속에 뛰어들어. 그런데 입수할 때 주변에 잔물결조차 일어나지 않아. 바로 물총새의 길고 뾰족한 부리 때문이었지.

전문가들은 신칸센 열차의 앞부분을 물총새의 부리처럼 만들어서 소음 문제를 해결하는 데 성공했어.

1969년 첫 비행을 한 콩코드는 영국과 프랑스가 공동으로 개발한 세계 최초의 초음속* 여객기야. 콩코드의 몸체는 물새의 하나인 펠리컨의 모습을 본떠 설계되었지.

*초음속: 소리의 전파 속력, 곧 음속보다 빠른 속력

콩코드의 앞부분은 공기의 저항을 적게 받도록 펠리컨의 부리처럼 뾰족하고 길게 꼬부라져 있어. 그런데 공기 저항을 고려해서 최대한 날렵하게 만들다 보니 여객기가 가늘고 좁아져 승객을 100명밖에 태울 수 없었어.

1976년 5월 처음 취항했지만 소음과 대기 오염, 과다한 연료 소비, 높은 항공료 등의 문제로 1979년 생산을 중단하고 말았지. 콩코드는 2003년 11월 마지막 비행 이후 자취를 감추었어.

상어와 전신 수영복

2000년 시드니 올림픽에서 전신 수영복을 입은 선수들이 수영에 걸린 금메달 33개 중에서 28개를 휩쓸어 갔어.

전신 수영복은 상어의 지느러미를 모방해서 만들었는데, 겉면은 손으로 만지면 조금 거칠게 느껴지는 미세 돌기로 덮여 있어.

뭐야 저 수영복

상어는 바닷속에서 시속 50킬로미터로 헤엄칠 수 있어. 이는 어지간한 구축함보다 빠른 속도지.

상어의 피부는 매끄러울 것 같아 보이지만 지느러미의 비늘에는 삼각형의 미세 돌기들이 돋아나 있어.

10~100마이크로미터 크기의 미세 돌기는 손으로 만지면 모래가 붙은 사포 정도로 겨우 느껴질 거야.

1980년 미국 과학자들은 상어 지느러미 비늘의 미세 돌기들이 오히려 저항을 감소시킨다는 사실을 밝혀냈어. 돌기들이 물과 충돌하면서 생기는 작은 소용돌이가 상어 표면을 지나가는 큰 물줄기 흐름으로부터 상어 표면을 떼어 놓는 완충제 역할을 한다는 거야. 따라서 물과 맞닿는 표면의 마찰력이 최소화되지. 상어 비늘이 일으키는 미세한 소용돌이가 표면 마찰력을 5퍼센트나 줄여 준다고 해.

물줄기의 영향을 덜 받게 해.

스마트폰과 청색기술

생물모방 또는 청색기술이 일상생활 속으로 광범위하게 퍼져 나가고 있습니다. 청색기술이 스마트폰의 스크린, 마이크로폰, 카메라 등에도 활용될 것으로 예상되기 때문이지요. "스마트폰의 미래가 생물모방에 있다."고 말하는 사람도 있을 정도이니까요.

❶ 자기 복원하는 스크린

스마트폰을 떨어뜨려 화면에 금이 생기면 화면 스스로 복원하는 기능이 있다면 얼마나 좋을까 생각해 본 적 있을 테지요. 스스로 균열을 수리하는 자기 복원 기능을 가진 플라스틱은 2001년 2월 미국 연구진에 의해 발표되었습니다. 오징어 이빨의 단백질을 본떠 만든 자기 복원 플라스틱을 선보인 것입니다.

❷ 물이 새지 않는 깨끗한 표면

나비의 날개는 저절로 깨끗해지는 자기 정화 기능이 있지요. 2012년 11월에 미국 연구진은 나비 날개를 모방한 플라스틱을 개발했습니다. 이 플라스틱으로 스마트폰의 화면을 입히면 먼지를 밀어내는 자기 정화 기능뿐만 아니라 물도 배척하는 방수 기능을 갖게 될 것 같습니다.

❸ 소리를 잘 듣는 마이크

 귀뚜라미나 모기 같은 곤충은 몸 위에 있는 작은 털을 사용해 소리가 나는 방향을 탐지합니다. 소음을 걸러 내는 기능이 뛰어난 것이지요. 2017년 창업한 캐나다의 벤처 회사인 사운드 스크리트는 곤충의 청각 장치를 본뜬 마이크를 개발했습니다.

❹ 곤충 눈을 본뜬 카메라

 사람 눈은 딱정벌레나 잠자리 같은 곤충보다 성능이 뒤떨어집니다. 곤충은 사람과 달리 수많은 낱눈이 모여 하나의 겹눈을 형성하고 있기 때문이지요. 낱눈마다 작은 렌즈를 보유해서 미세한 변화를 신속히 포착할 수 있습니다. 2013년 5월에 미국 연구진은 불개미와 나무좀의 눈을 연구해서 세계 최초로 곤충의 겹눈을 모방하여 개발한 카메라를 발표했습니다.

❺ 박테리아를 구축하는 표면

 샤클렛이 상어의 비늘을 본떠 만든 플라스틱 필름은 스마트폰에 박테리아가 달라붙어 번식하는 것을 막아 주는 향균 기능이 있습니다. 그뿐만 아니라 먼지 따위의 오물이 부착하지 못하게 하는 자기 정화 기능도 있습니다.

 오징어의 이빨, 나비의 날개, 귀뚜라미의 털, 나무좀의 눈, 상어의 비늘이 스마트폰의 미래에 영향을 미친다면, 영국 작가 윌리엄 셰익스피어의 《맥베스》에서 마녀들의 주문에 언급된 "개의 혀, 살무사의 갈퀴, 새끼 올빼미의 날개"가 미래의 스마트폰에 활용되지 말란 법도 없을 것 같군요.

벼룩과 잠자리의 고무 단백질

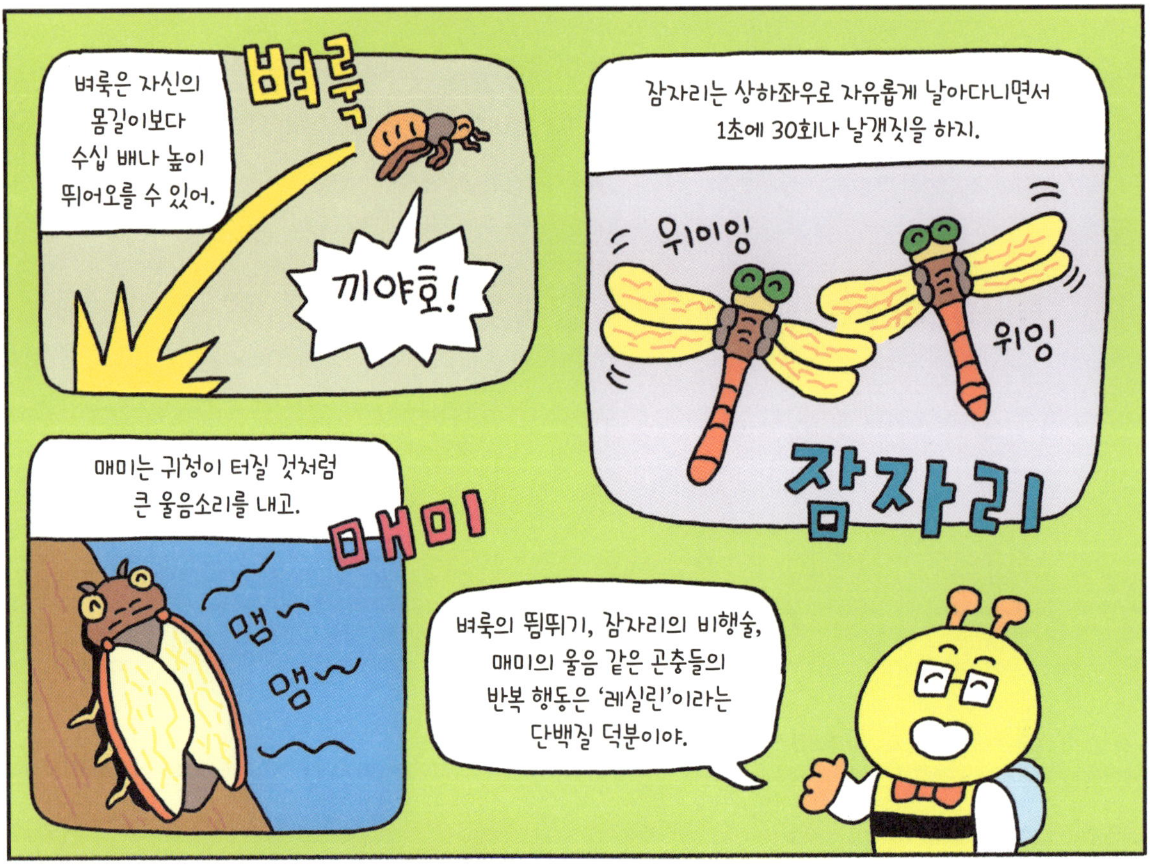

벼룩은 자신의 몸길이보다 수십 배나 높이 뛰어오를 수 있어.

끼야호!

잠자리는 상하좌우로 자유롭게 날아다니면서 1초에 30회나 날갯짓을 하지.

위이잉 위잉

잠자리

매미는 귀청이 터질 것처럼 큰 울음소리를 내고.

맴~ 맴~

벼룩의 뜀뛰기, 잠자리의 비행술, 매미의 울음 같은 곤충들의 반복 행동은 '레실린'이라는 단백질 덕분이야.

1958년 7월 덴마크 동물학자인 토켈 와이스-포그는 곤충의 비행을 연구하던 도중에 메뚜기 날개에서 고무처럼 탄력이 뛰어난 단백질을 발견하고 '레실린'이라고 이름 지었어.

잠자리가 쉴 새 없이 날갯짓을 해도 날개가 손상되지 않는 이유는 몸통과 날개가 연결된 부분이 레실린으로 구성되어 있기 때문이야.

벼룩이 자신의 몸길이보다 100배나 높이 뛰어오를 수 있는 까닭은 다리 근육에 레실린이 많기 때문이지. 벼룩이 뛰어오르려고 다리를 움츠리면 레실린은 다리 근육에 압축되어 있다가 1000분의 1초 만에 다시 원상태로 돌아오면서 압축된 에너지를 한꺼번에 내보내.

원래 길이보다 3배나 늘어나도 끊어지지 않고, 한 번 뛸 때 손실되는 에너지가 3퍼센트에 불과한 고무 단백질인 레실린을 모방하면 탄성이 좋은 새 물질을 만들 수 있어.

2001년 초파리에서 레실린을 합성하는 유전자가 발견되었어. 호주의 크리스토퍼 엘빈은 초파리 유전자를 대장균에 이식하여 레실린의 기본 구조가 되는 물질을 대량으로 합성하는 데 성공했지.

인공 레실린은 의학 분야에서 인체 이식용 물질로 활용돼. 동맥 내벽에 있는 탄성 물질인 엘라스틴이 손상되었을 때 이를 대체할 수 있고, 환자의 척추 디스크를 대신할 수 있지. 심지어 운동선수의 신발에도 활용된다고 해.

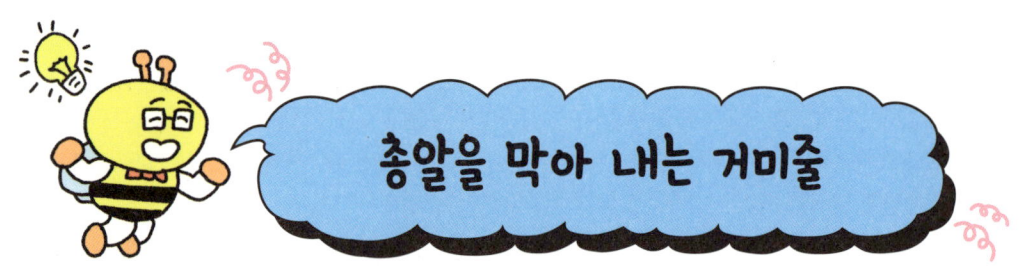

총알을 막아 내는 거미줄

1709년 프랑스의 봉 드 생틸레르(1678~1761)는 거미줄로 양말과 장갑을 짜서 황제에게 바쳤어.

이게 다 거미줄로 만든 것이어라~

중국 황제는 봉 드 생틸레르의 논문을 참고해 거미 실크 연구에 착수했지. 1876년에는 영국 여왕에게 거미 실크로 짠 속옷 한 벌을 선물했어.

바로 이거야!

하지만 거미줄은 누에에서 뽑아내는 실과 다르게 너무 가늘어서 옷감의 재료로는 부적합했어.

거미줄이 너무 많이 필요한데요....

어미 거미는 1분에 150~180센티미터의 실크를 분비하는데, 5000마리의 거미가 수명이 다할 때까지 실을 뽑아내야 겨우 옷 한 벌을 짤 수 있기 때문이야. 경제적인 면에서 거미의 실크는 사용 가치가 없었던 거지.

살려 줘...

그러나 거미 실크의 매력은 끊임없이 과학자들의 관심을 사로잡았어. 주성분이 단백질인 거미 실크는 같은 무게로 견줄 때 강철보다 5배나 질기고, 방탄복 소재인 케블라 섬유보다 10배나 강했거든. 게다가 나일론의 2배, 케블라보다 8배 더 늘어날 정도로 탄력적이야.

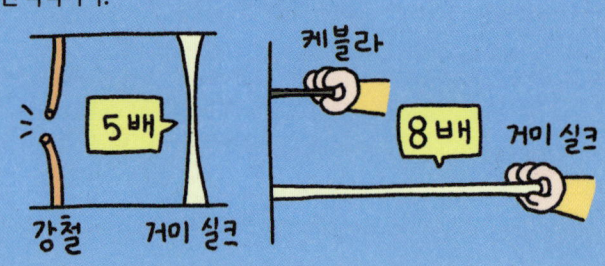

또한 높은 온도에서 잘 견디고 방수 기능이 있어, 사람 몸에서 면역 거부 반응을 일으키지 않아 최고의 자연 재료로 꼽히지.

몸에 착 감기는 느낌!

거미는 거미줄 단백질이 모여 있는 실샘에서 긴 관을 거쳐 방적 돌기(실이 나오는 구멍)를 통해서 몸 밖으로 고체 상태의 거미줄을 뽑아내.

미국 와이오밍대학교의 분자 생물학자 랜디 루이스는 거미의 드래그 라인 실크를 연구했어. 드래그 라인 실크는 거미집을 지탱해 주는 버팀목이자, 거미가 공중에서 아래로 안전하게 내려올 수 있도록 통로 역할을 하는 일종의 생명줄이야.

1989년 마침내 랜디 루이스는 드래그 라인 실크를 만드는 유전자를 찾아냈고, 이를 계기로 거미줄을 대량 생산하는 방법이 다각도로 연구되기 시작했어.

1999년 캐나다에서 거미 실크 유전자를 염소의 유방 세포 안에 넣는 실험을 했어. 염소가 젖으로 거미줄 단백질을 분비하게 만드는 데 성공했지. 강철 못지않은 생물 재료, '생물 강철'을 대량 생산하는 염소가 등장한 거야.

거미줄의 생산 공장으로 가장 유망한 것은 흥미롭게도 누에야. 거미 실크 유전자를 누에의 명주실을 분비하는 조직에 넣으면 누에가 거미줄을 대량으로 합성하게 될 것이라는 발상이었지. 이런 방법으로 미국에서 명주실보다 훨씬 강한 거미 실크를 만드는 데 성공했어.

인공 거미줄을 활용한 제품은 최근 더 다양해지고 있어.

2016년 11월 아디다스는 세계 최초로 합성 거미줄을 사용한 운동화를 개발했어. 합성 섬유로 만든 것보다 15퍼센트 가벼워.

2018년 8월 미국의 기업 크레이그 바이오크래프트는 미국 육군의 신형 방탄복에 사용될 인공 거미줄을 납품했고,

2019년 11월 스포츠 브랜드 노스페이스는 거미줄로 만든 겨울용 외투를 선보였어.

전복 껍데기와 장갑차

세계 곳곳의 얕은 바다에 서식하는 전복은 커다란 접착성 발로 바위에 붙어 사는 연체동물이야. 전복 껍데기는 망치로 때려도, 자동차로 밟고 지나가도 쉽게 깨지지 않을 정도로 단단해. 전복 껍데기가 그렇게 강한 이유를 밝혀낸 사람은 미국 재료 과학자 앤절라 벨처야.

전복 껍데기는 탄산칼슘 95퍼센트, 점성 단백질 5퍼센트로 구성되어 있어. 탄산칼슘은 석회석의 주성분이야.

1996년 벨처는 부스러지기 쉬운 탄산칼슘으로 단단한 전복 껍데기가 만들어진 이유는 특유의 구조 때문이라고 설명했어. 전복 껍데기는 '벽돌과 진흙 구조'로 되어 있는데, 95퍼센트의 탄산칼슘이 벽돌, 5퍼센트의 단백질이 진흙인 셈이야.

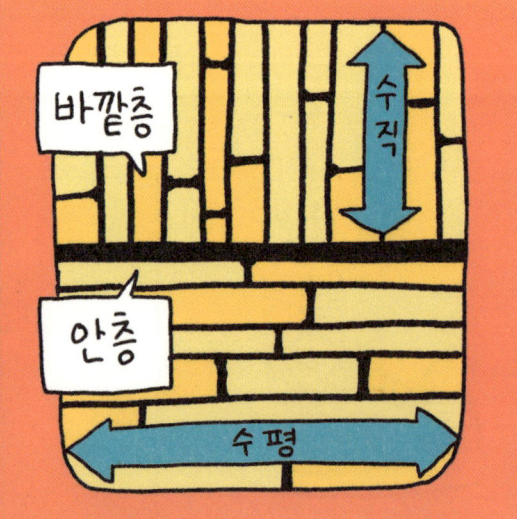

탄산칼슘으로 이루어진 벽돌은 두 가지 유형이 번갈아 가면서 나타나. 껍데기 바깥층에는 껍데기 면과 수직으로 정렬된 기둥 모양의 벽돌이 서 있고, 안층에는 얇은 합판 모양의 벽돌이 차곡차곡 쌓여 있지.

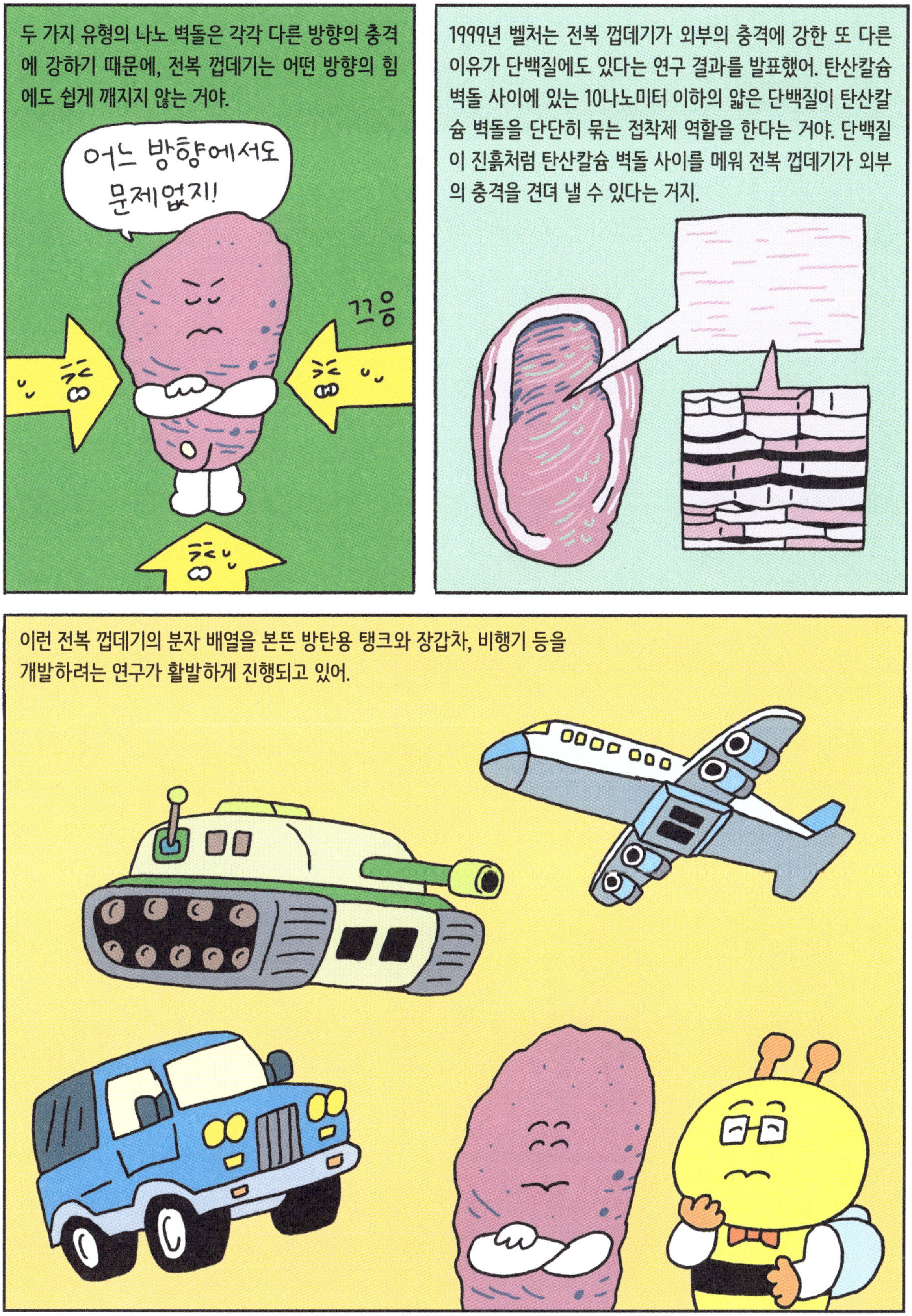

두 가지 유형의 나노 벽돌은 각각 다른 방향의 충격에 강하기 때문에, 전복 껍데기는 어떤 방향의 힘에도 쉽게 깨지지 않는 거야.

1999년 벨처는 전복 껍데기가 외부의 충격에 강한 또 다른 이유가 단백질에도 있다는 연구 결과를 발표했어. 탄산칼슘 벽돌 사이에 있는 10나노미터 이하의 얇은 단백질이 탄산칼슘 벽돌을 단단히 묶는 접착제 역할을 한다는 거야. 단백질이 진흙처럼 탄산칼슘 벽돌 사이를 메워 전복 껍데기가 외부의 충격을 견뎌 낼 수 있다는 거지.

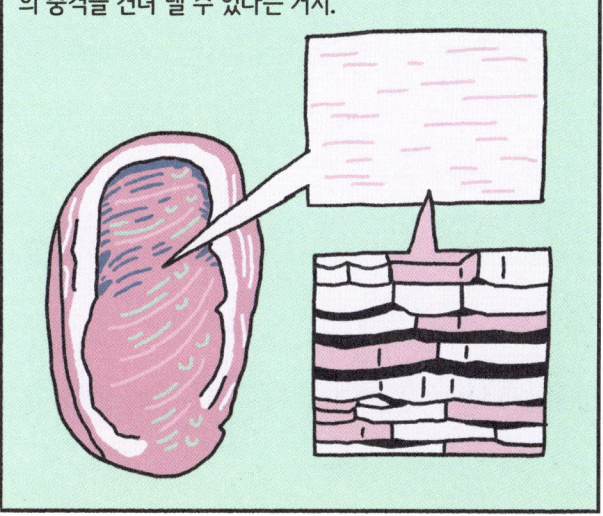

이런 전복 껍데기의 분자 배열을 본뜬 방탄용 탱크와 장갑차, 비행기 등을 개발하려는 연구가 활발하게 진행되고 있어.

솔방울을 본뜬 운동복

솔방울은 소나무에서 땅으로 떨어지는 순간, 껍데기가 열리면서 안에 있던 씨앗이 밖으로 튕겨져 나와.

솔방울이 열리는 이유는 솔방울 껍데기가 습도에 따라 다르게 반응하는 두 개의 물질로 만들어져 있기 때문이야. 비가 오거나 서리가 내려 껍데기가 축축해지면 바깥층의 물질이 안쪽 물질보다 물을 좀 더 빠르게 흡수해 부풀어 올라 솔방울이 닫히지.

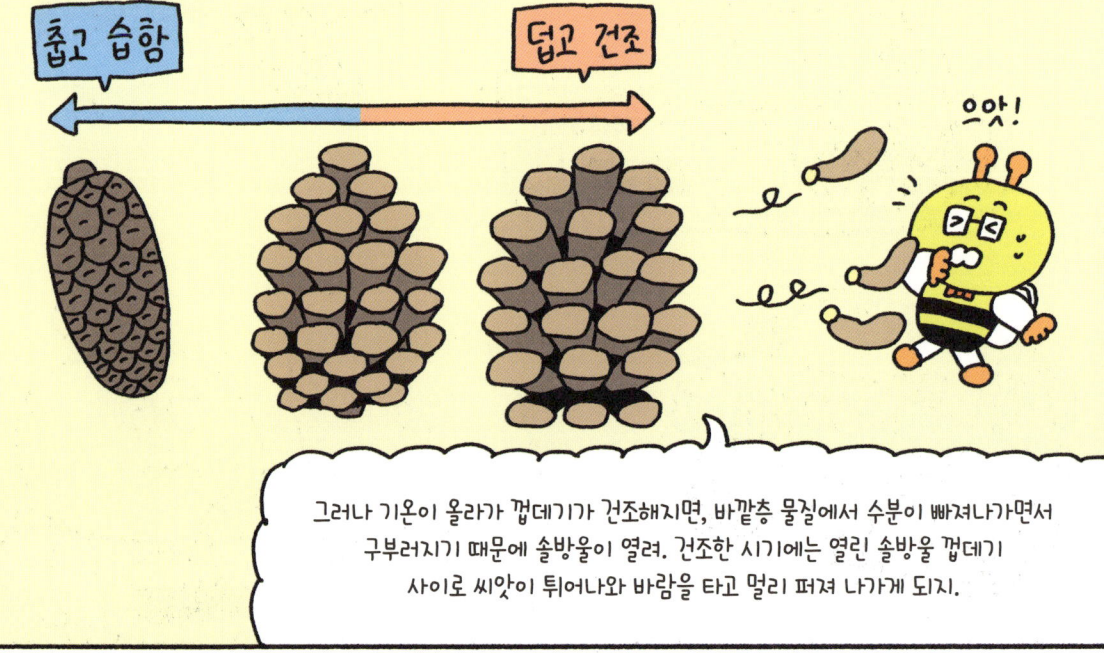

그러나 기온이 올라가 껍데기가 건조해지면, 바깥층 물질에서 수분이 빠져나가면서 구부러지기 때문에 솔방울이 열려. 건조한 시기에는 열린 솔방울 껍데기 사이로 씨앗이 튀어나와 바람을 타고 멀리 퍼져 나가게 되지.

2004년 영국의 생물모방 전문가인 줄리언 빈센트는 솔방울 껍데기의 두 물질이 서로 다른 속도로 온도와 습도에 반응하는 특성을 본뜬 옷을 개발했어.

옷에 날개처럼 펄럭이는 작은 천을 여러 개 달아 놓은 운동복이지. 이 옷을 입으면 땀을 흘릴 때는 작은 천들이 열려 피부가 서늘해지고, 땀이 마르면 작은 천들이 다시 닫혀.

솔방울 껍데기의 특성을 모방해서, 두 장의 베니어로 만든 건설용 합판도 개발되었어. 이 합판은 주위의 습도에 따라 열리기도 하고 닫히기도 해서, 건물의 외벽에 부착하여 실내 온도를 조절하는 자재로 사용될 수 있어.

혹등고래와 풍력 발전

혹등고래는 고래 중에서 재주를 가장 잘 부리는 것으로 유명해.

다 큰 혹등고래는 머리와 턱에 혹이 있고, 뚱뚱한 체구에 몸길이가 12~15미터, 몸무게 36톤 정도야. 혹등고래는 주요 대양의 해안을 따라 서식하지. 여름에는 차가운 극지방의 해안으로 가고, 겨울에는 번식을 위해 열대나 아열대의 바다로 이동해.

혹등고래의 주요한 특징은 길고 가는 가슴지느러미야. 가슴지느러미는 비행기 날개처럼 단면이 위로 볼록한 모양인데, 혹처럼 생긴 돌기가 20여 개 나 있어. 이 지느러미의 돌기들이 일종의 소용돌이를 일으켜 혹등고래가 물속에서 오랫동안 느린 속도로 잘 이동할 수 있다고 해.

중요한 돌기였구나!

혹등고래의 지느러미를 본떠 풍력 발전에 활용하려는 연구가 진행되고 있어.

가령 풍차는 바람의 힘으로 돌아가. 그러나 바람이 너무 빠르거나 너무 느리면 풍차의 날개는 더 이상 움직이지 않아. 연구자들은 바람의 속도가 낮을 때에도 풍력 터빈이 지속적으로 회전하는 방법을 찾고 있었어.

연구 끝에 혹등고래의 지느러미 전면에 있는 돌기들을 본떠서 풍력 발전 터빈의 날개에 돌기를 달아 주었지. 결과는 성공이었어. 바람의 속도가 낮은 상태에서도 에너지를 발생할 수 있도록 한 거야. 이 방법으로 풍력 발전량을 연간 20퍼센트까지 높일 수 있다고 해.

고래 지느러미와 비슷하게 생겼네!

인공 나뭇잎과 인공 광합성

모든 식물은 햇빛·물·이산화탄소를 사용하여 산소와 포도당을 만들어 내고, 모든 동물은 산소와 포도당을 이산화탄소·물·에너지로 다시 바꾸지. 식물의 이런 활동을 '광합성'이라고 하고, 동물의 활동을 '호흡'이라고 해.

1946년 미국 생물학자 멜빈 캘빈(1911~1997)은 식물의 광합성이 일어나는 과정을 밝혀냈어. 그는 이산화탄소가 식물의 내부를 거치는 과정을 추적했지. 이 과정은 식물이 태양 에너지를 흡수하면서 시작돼. 이때 햇빛을 흡수하는 것은 엽록체라는 작은 기관에 있는 '엽록소'야. 광합성은 식물의 엽록체가 빛에너지를 이용하여 공기 중에서 빨아들인 이산화탄소와 뿌리에서 흡수한 수분을 가지고 탄수화물(녹말)을 생성하는 과정이야.

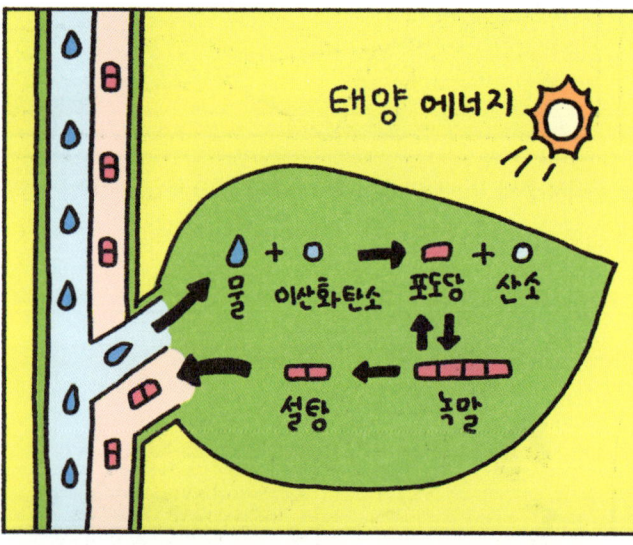

캘빈이 광합성의 기본 과정을 발견한 것이 계기가 되어 녹색 식물, 특히 지구의 허파라 불리는 열대 우림의 중요성이 부각되었어. 하지만 열대 우림은 아마존의 정글처럼 개발의 손길이 미치면서 특히 활엽수가 빠르게 훼손되고 있어.

10년 이상 자란 활엽수는 1년에 1헥타르(ha)당 이산화탄소 10~16톤을 흡수한다고 해. 지구 온난화의 주범인 이산화탄소 배출량을 감소해 주는 거지.

탄소 중립과 지속 가능 발전

2020년부터 '탄소 중립'이란 말이 국제적인 화두가 되었습니다. 탄소 중립은 지구 온난화를 방지하기 위해 지구와 지구 상공 대기에 이산화탄소가 배출되는 만큼 이를 흡수하여, 다시 말해 들어오고 나가는 이산화탄소 양을 같게 해 더 이상 이산화탄소의 축적을 막는다는 개념입니다. 그러니까 2050년까지 탄소 중립이 실현되면 온실 가스 배출량과 흡수량이 같아지므로, 온실 가스가 축적되던 양이 제로(0)가 되어 지구를 기후 위기에서 구할 수 있다는 것입니다.

인류가 전 지구적 차원에서 기후 문제에 관심을 갖기 시작한 계기는 1972년에 로마 클럽이 펴낸 〈성장의 한계〉라는 보고서입니다. 무려 9억 부 넘게 팔렸다는 이 보고서는 세계 인구의 팽창, 공업화, 자원 고갈이 계속된다면 경제 성장은 한 세기 안에 한계에 도달하고 전 세계는 파멸의 길로 치닫게 될 것이라고 경고했습니다.

1987년에 유엔 환경 개발 위원회가 펴낸 보고서는 처음으로 '지속 가능 발전' 개념을 제시했습니다. 지속 기능 발전은 '후손들의 필요를 충족시킬 능력을 손상하지 않으면서 현 세대의 필요를 채우는 발전'으로 정의됩니다. 다시 말해, 지속 가능 발전은 환경을 보전할 수 있는 경제 발전을 추구하는 접근 방법입니다.

2015년 9월 유엔 총회 세계 정상 회의에서 지속 가능 발전 목표(SDGs) 17개가 공식 채택됩니다. 2016년부터 2030년까지 15년간 지구의 미래를 위한 행동 강령으로 채택된 17개 목표는 다음과 같습니다.

　지속 가능 발전의 핵심은 사람과 자연의 관계 설정입니다. '자연이 중심이며, 인간은 자연에 지식과 생존을 의존한다'는 새로운 관점이 필요한 것입니다. 지속 가능 발전은 자연을 모방하는 경제 활동, 곧 순환경제와 청색경제로 실현될 수 있습니다. 이런 맥락에서 청색기술은 지속 가능 발전의 견인차 역할을 하게 될 것임에 틀림없습니다.

모기와 무통 주사

주사 맞는 것을 좋아하는 사람은 없어. 뾰족한 주삿바늘이 피부 속으로 들어갈 때 무섭고 아프기 때문이지.

일본의 한 의료 기기 회사에서는 아프지 않은 주사, 곧 무통 주사를 개발하기 위해 모기를 관찰했어. 모기는 사람에게 아무런 고통도 주지 않고 피를 빨아 먹잖아.

모기 바늘은 주삿바늘보다 끝이 훨씬 가늘고 길며 점차 넓어져. 모기 바늘처럼 생긴 주삿바늘을 만들면 사람이 통증을 느끼지 않을 거라고 생각한 거야.

일본 의료 기기 전문가들은 모기 주둥이의 모양을 본떠 끝이 점점 가늘어지는 주삿바늘을 만들고, 나노패스 33이라고 이름 지었어. 나노패스 33의 끝은 지름이 0.2밀리미터로, 기존의 바늘보다 20퍼센트나 작아.

일반 주사기   나노패스 33

나노패스 33은 특히 당뇨병 환자처럼 날마다 주사를 맞아야 하는 사람들에게 인기가 높다고 해.

매일 주사 맞기 너무 힘들어….

나노패스 33은 자연에서 영감을 얻어 개발된 제품 중 벨크로에 이어 두 번째로 많이 사용되는 제품이야.

쓸모 있는 흡혈 동물

거머리, 십이지장충, 흡혈박쥐, 진드기. 이 동물들은 사람과 동물의 피를 빨아 먹고 사는 기생 생물이야. 이러한 흡혈 동물은 대략 4만 종에 이르지.

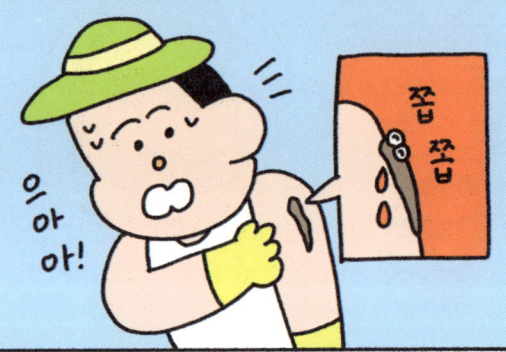

흡혈 동물은 숙주*의 몸에서 피가 빠르게 흘러나오도록 자극하고, 빨아들인 피가 금세 굳지 못하게 하는 화학 물질을 갖고 있어. 인류는 이러한 화학 물질 때문에 아까운 피를 뺏길 수밖에 없었지. 그러나 요즘은 이 화학 물질을 이용하여 새로운 약을 개발하는 연구가 활발해졌어.

피가 굳는 것을 막아 주는 화학 물질은 쓸모가 많아. 혈액이 굳어서 혈관 안에 생기는 피딱지(혈전)는 우리 몸에서 뇌경색이나 심장 마비를 일으켜. 가령 심장에 고여 있던 젤리 같은 피딱지가 대동맥으로 빠져나와 뇌로 들어가는 뇌동맥을 막으면 뇌경색이 일어나. 흡혈 동물의 화학 물질은 이런 상황을 막을 수 있어.

첫 번째 연구 대상인 흡혈 동물은 거머리야. 거머리의 흡혈 능력은 엄청나. 거머리가 자신의 체중보다 10배나 많은 피를 빨아 먹을 때까지 사람은 아픔을 느끼지 못한대. 왜냐하면 거머리의 침 속에 마취 성분, 피가 빨리 흐르도록 하는 혈관 팽창 성분과 함께 혈액의 응고를 막는 '히루딘'이 들어 있기 때문이야.

*숙주: 기생 생물에게 영양을 공급하는 생물

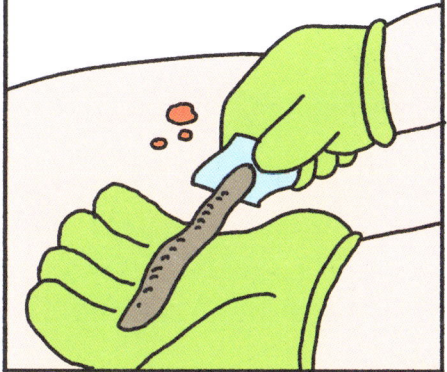

소용돌이를 본떠 만든 물 처리 장치

자연은 어떤 것이든 어떤 목적이든 직선을 사용하지 않아.

나는 소용돌이가 좋아!

자연

자연은 물이나 공기를 이동시킬 때 나선 형태를 이용해. 에너지를 최소한으로 사용하는 방법이지. 이런 소용돌이 형태는 자연 어디에나 있어.

호주의 청색기술 전문가 제이 하먼은 어린 시절부터 자연과 함께였어.

제이 하먼은 자연 전체에 공통으로 나타나는 나선 구조, 곧 소용돌이 형태를 액체, 가스, 열 흐름과 관련된 모든 설비 디자인에 적용하기로 결심했어. 그러고는 1997년 팍스 사이언티픽을 설립했지.

제이 하먼은 소용돌이 형태를 적용한 냉장용 팬과 펌프, 터빈과 믹서까지 만들었어.

특히 백합에서 영감을 얻은 릴리 임펠러라는 이름의 믹서는 길이가 약 20센티미터(6인치)밖에 되지 않지만 1000만 갤런, 약 3800만 리터의 물을 섞을 수 있어.

이 작은 게 1000만 갤런의 물을 섞는다고?

탱크 안에 저장된 물을 섞는 데 소요되는 시간과 에너지를 최소화한 릴리 임펠러는 강물, 호수 물, 지하수가 물 정화 시설을 거쳐 마실 물이 되고, 이 물이 가정까지 이동하는 데 드는 비용을 절감시킬 거라고 해.

문어 위장술을 본뜬 신소재

문어는 여느 생물도 따라잡을 수 없는 놀라운 은폐 기술을 갖고 있어.

나 어디에 있게~?

길이 3미터, 몸무게 15킬로그램의 문어는 다리가 8개, 심장은 체심장 1개, 아가미심장 2개를 합쳐 3개야.

체심장 / 뇌 / 아가미심장

뇌는 머리와 다리 사이에 하나가 있어. 그런데 문어의 다리는 뇌의통제 없이도 자유롭게 움직일 수 있어. 그래서 일부 과학자들은 각각의 다리를 문어의 독립적인 뇌라고 보기도 해. 뇌가 아홉 개인 생물이라고 보는 거지.

안... 녕?

문어의 신경 세포는 5억 개로 개와 비슷한 수준이고, 신경 세포의 3분의 2는 다리에 모여 있대.

문어는 몸을 자유자재로 움직이며 몸 크기보다 작은 구멍도 손쉽게 통과할 수 있지.

이 정도 쯤이야!

문어는 주변 환경의 색깔이나 형태, 질감에 맞춰서 눈 깜짝할 새에 몸을 위장시킬 수도 있어.

문어 위장술의 비밀은 바로 색소 세포야.

후후~ 날 찾기 쉽지 않을걸!

빛만 있으면 변신 가능!

피부 표면에 있는 색소 세포(또는 색소체)에는 빨강, 노랑, 또는 갈색 색소가 들어 있어. 여기에서 다양한 파장의 빛을 감지하지.

문어는 빛을 감지하면 근육에 연결된 신경 섬유로 신호를 보내. 신호를 받은 근육이 늘어났다 줄어들었다 하면서 색소체의 크기와 모양을 바꾸지.

안녕 친구?

변신도 가능하구나!

이런 근육의 움직임으로 색소체가 색깔을 변화시키기 때문에 주변에 맞춰 위장이 가능한 거였어.

문어의 위장술을 모방하는 신소재 개발이 활발해. 첨단 의류와 군수용품 디자인, 패션 산업에 널리 활용되고 있지.

문어 기술을 적용한 위장막

아쿠아포린에서 영감을 얻은 정수 기술

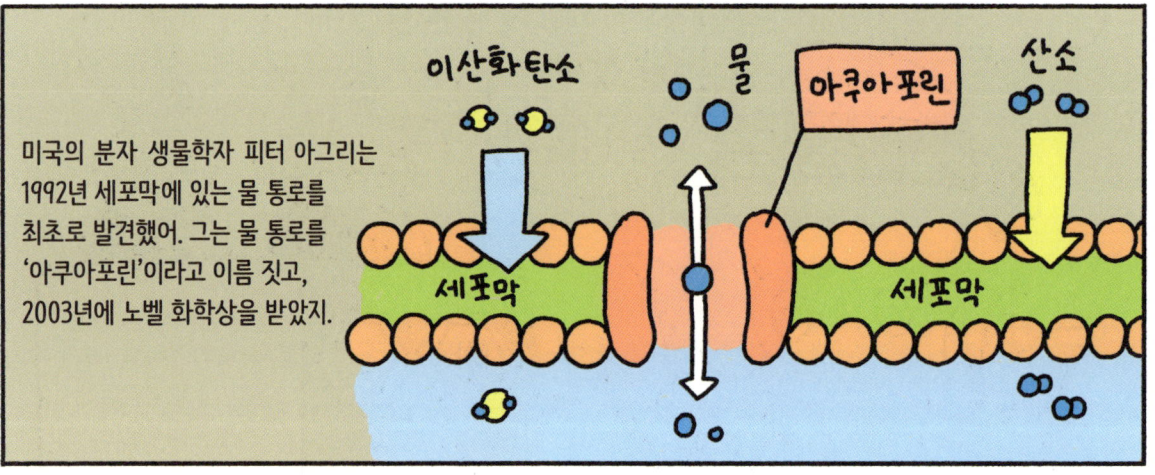

미국의 분자 생물학자 피터 아그리는 1992년 세포막에 있는 물 통로를 최초로 발견했어. 그는 물 통로를 '아쿠아포린'이라고 이름 짓고, 2003년에 노벨 화학상을 받았지.

피터 아그리의 세포막 아쿠아포린 발견은 물을 깨끗하게 만드는 정수 기술에 엄청난 영향을 미쳤어.

물을 정화하는 방식은 증류와 여과, 두 가지야. 먼저 증류는 액체를 가열하여 생긴 증기를 냉각시켜 다시 액체 상태로 만들어 성분을 분리·정제하는 방법이야.

또 다른 방법인 여과는 거름종이나 여과기를 사용해 액체 중의 침전물을 거르는 방법이지.

하지만 두 가지 정수 기술은 너무 느리고 비용이 많이 들어. 그만큼 에너지 소모도 크다는 단점이 있어. 전문가들은 새로운 정수 방법을 늘 고심했지.

2005년 덴마크의 기술자들이 세포막 아쿠아포린을 활용해 물 여과 장치를 개발하는 회사, 아쿠아포린을 설립했어. 그리고 가정용 정수기 '제로'를 출시했지.

가정용 정수기 제로

2015년 덴마크의 우주비행사들이 우주에서 마실 물을 여과하는 데 아쿠아포린 제품을 사용했어.

아쿠아포린은 21세기 인류의 물 사용법을 획기적으로 바꾸는 신기술을 개발할 계획이라고 해.

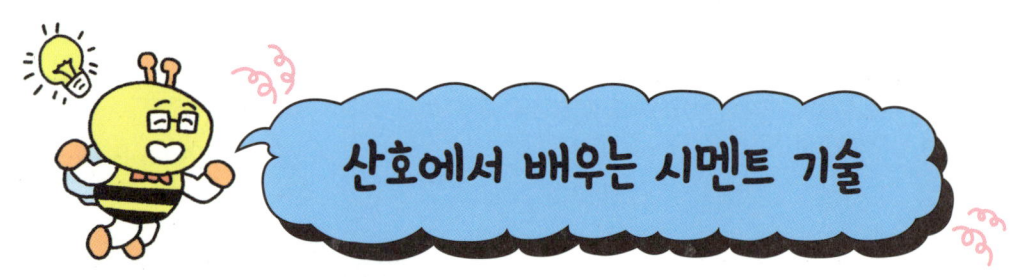

산호에서 배우는 시멘트 기술

시멘트를 만드는 데는 채석장에서 채굴하는 석회석이 필요하지. 석회석이 시멘트의 원료인 탄산칼슘으로 되어 있기 때문이야.

채굴한 석회석을 시멘트로 만들려면 1450도의 온도로 가열해야 하는데, 이때 이산화탄소가 발생해. 시멘트의 원재료인 탄산칼슘과 거의 일대일 비율로 나오지. 가령 1톤의 시멘트를 만들면 1톤의 이산화탄소가 나오는 거야.

사실 시멘트는 지구 온난화의 주요 원인 가운데 하나야.

바다의 꽃이라 불리는 산호는 골격이 석회석으로 되어 있어.

산호는 자신의 골격(석회석)을 성장시키기 위해 바닷물 속에 녹아 있는 칼슘과 이산화탄소를 활용해.

산호가 골격을 키우는 과정에서 영감을 얻어 이산화탄소를 배출하지 않고도 시멘트를 생산하는 기업이 등장했어.

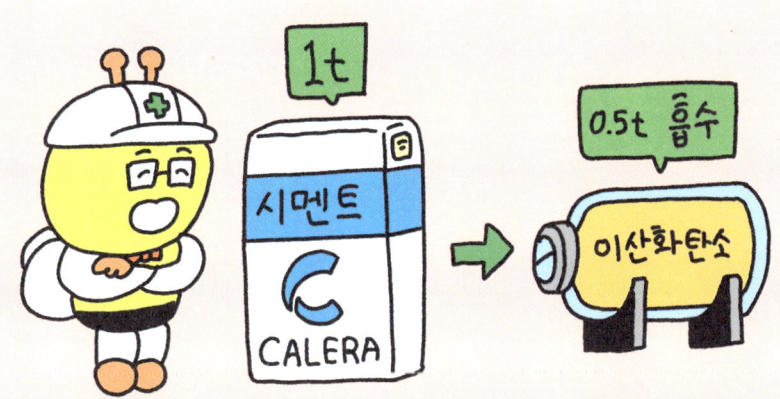

미국의 칼레라는 2007년에 창업한 벤처 기업이야. 칼레라는 1톤의 시멘트를 생산할 때마다 공기 중에 이산화탄소를 방출하는 대신 0.5톤의 이산화탄소를 흡수한다고 해.

그게 어떻게 가능하냐고? 시멘트 공정에서 가장 중요한 가열 과정을 없앴기 때문이야. 엄청나게 획기적인 시도였지. 지금은 칼레라처럼 산호가 탄산칼슘을 만드는 과정에서 영감을 얻어 시멘트를 만드는 회사가 많아지고 있어.

희망의 빛 상과 에콘크리트

2020년 8월 25일에 2020 '희망의 빛(또는 레이) 상(Ray of Hope Prize)' 수상자가 발표되었지요. 미국 생물모방 연구소와 레이 앤더슨 재단은 2016년부터 해마다 혁신적인 생물모방 아이디어에 이 상을 주고 있습니다.

2020년 10만 달러의 대상은 이스라엘 생물모방 스타트업(초기 벤처 기업)인 '에콘크리트' 제품이 받았습니다.

레이 앤더슨은 1973년에 '인터페이스'를 창업하여 세계 최대의 타일 카펫 제조업체로 키워 낸 기업가예요. 1994년부터 생물모방 원리를 기업 활동에 접목하는 지속 가능 경영을 시도한 앤더슨은 2005년 3월에 "2020년까지 사람, 제조 과정, 제품, 이윤 등 모든 차원에서 지속 가능성을 행동으로 보여 주는 첫 번째 기업이 되겠다."는 포부를 천명합니다. 자연을 기업 경영의 스승으로 삼은 앤더슨은 숲의 바닥에 나뭇잎이 아무렇게나 흩어져 있는 것을 모방해서 타일 카펫을 개발하게 됩니다. 이 타일 카펫은 바닥에 어느 방향으로도 놓을 수 있어, 설치하면서 가령 사무실의 모든 비품을 옮길 필요가 없어 낭비가 크게 줄어들 뿐만 아니라 수리도 더 쉬워진다는 장점으로 엄청난 성공을 거두었습니다. 생물모방으로 지속 가능 경영에 성공한 앤더슨의 업적을 기리기 위해 그의 사후에 '희망의 레이 상'이 제정되었지요.

2020년에 10만 달러 상금을 받은 에콘크리트는 2012년에 설립된 해양용 콘크리트 생산업체입니다. 콘크리트는, 해안에 설치되어 지반이 떨어져 나가는 것을 방지

하는 제방이나 강한 파도를 막아 주는 방파제를 제작할 때 사용되지요. 세계 해안 면적의 70퍼센트 이상이 콘크리트입니다. 모래사장이나 갯벌이 콘크리트로 변하면 해양 생물이 서식할 수 없습니다. 콘크리트가 해양 생태계를 파괴하고 있는 것이지요. 게다가 콘크리트는 기후 위기의 주범입니다. 콘크리트의 주요 재료인 시멘트를 생산할 때 지구 온난화의 원인인 이산화탄소가 배출되기 때문입니다.

　해양용 콘크리트가 해양 생물의 서식지를 파괴하고 지구 온난화를 초래하는 문제를 해결하는 방안의 하나로 제안된 것이 '식생 콘크리트'입니다. 콘크리트 안에 식물을 배양할 수 있는 식생 콘크리트로 개발된 것이 에콘크리트입니다. 생물모방 제품인 에콘크리트는, 지구 온난화에 따른 해수면 상승과 극심한 기후 변화로 지구 전체의 해안선이 생태 친화적인 콘크리트를 필요로 하고 있기 때문에 수십억 달러의 시장을 확보한 것으로 여겨집니다.

　우리나라 청소년들도 '희망의 레이 상'에 도전하여 영광의 수상자가 되길 기대해 봅니다.

일반 콘크리트　　　　　　　에콘크리트

모르포나비, 오팔 그리고 구조색

빛은 파동과 입자라는 두 가지 성질을 갖고 있지. 파동의 성질로 보면 빛은 '전자기파'이고, 입자의 성질로 보면 빛은 '광자'라고 할 수 있어.

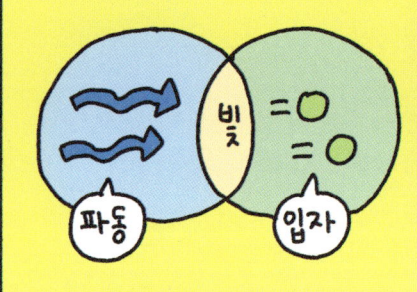

서로 직각을 이룬 채 진동하는 전기장과 자기장을 합쳐서 전자기파라고 해. 그리고 모든 종류의 전자기파를 '전자기파 스펙트럼'이라고 하지. 우리 눈으로 물체를 볼 수 있도록 해 주는 가시광선은 전자기파 스펙트럼에서 중간 정도에 있는 좁은 영역을 차지해.

1905년 알베르트 아인슈타인은 빛이 전파되는 동안 작은 에너지 다발이 존재한다고 주장했어. 빛이 광자라는 에너지 입자들의 연속된 운동이라고 생각한 거야.

1987년 미국의 엘리 야블로노비치와 캐나다의 새지브 존, 두 명의 물리학자는 제각각 광자의 움직임을 제어하는 장치를 개발하기로 하고, 그 장치를 '광결정'이라고 불렀어. 광결정은 특정 파장의 빛만 반사시키고 나머지는 흩어지게 하는 나노 구조의 결정이야.

1990년대에 들어서 자연에 광결정 구조를 사용하여 빛을 처리하는 생물이 있다는 사실이 밝혀졌어. 이 생물들에는 '훈색'이라 불리는 독특한 특성이 있어. 훈색은 보는 각도에 따라 색이 달라지게 하는 빛을 뜻해.

예컨대 콤팩트 디스크와 비눗방울에서 훈색 현상이 나타나. 자연에서는 무지갯빛, 공작새 깃털, 남아메리카에 사는 모르포나비, 보석 오팔에서 이런 현상을 볼 수 있어.

훈색이 나타나는 이유는 '구조색' 때문이야. 구조색은 무지개처럼 무색의 물질이 색깔을 나타내는 현상을 말해.

구조색을 나타내는 모르포나비의 날개는 눈이 부실 정도로 환한 푸른색을 띠고 있어. 물론 나비 날개에는 아무런 색소도 들어 있지 않아. 그런데도 푸른색을 내는 까닭은 날개 표면을 덮고 있는 비늘이 광결정과 비슷하게 푸른색 빛만 반사시키고 다른 색은 모두 흡수하기 때문이야.

모르포나비의 구조색을 흉내내 만든 직물이 이미 나와 있어. 일본 기업이 내놓은 모르포텍스는 염료를 사용하지 않고 제조되었지만, 빛이 비치는 각도에 따라 붉은색이나 보라색, 또는 초록색으로 색깔이 바뀌지.

오팔은 광물의 일종이야. 표면에는 지름 150~300 나노미터인 공 모양의 이산화규소(실리카)가 배열되어 있어. 실리카 공이 배열된 크기와 방향이 달라서 특정한 색만 반사시키고 다른 색은 흩어지게 되지. 오팔 표면의 나노 구조가 광결정 역할을 하는 거야.

나노미터 크기의 실리카 공을 오팔과 정반대로 배열하는 이른바 '역오팔'도 개발되었어. 2002년 캐나다의 제프리 오진이 개발한 역오팔은 오팔과 달리 실리카가 배열되어 있는 부분을 빈 공간으로 바꾸고 빈 공간이었던 곳에 실리카를 채운 거야. 역오팔 역시 광결정 구조를 갖지. 역오팔 구조의 표면은 영롱한 색을 띠며 물에도 젖지 않기 때문에 자동차 바퀴나 각종 플라스틱 제품의 코팅에 활용되고 있어.

거미불가사리와 해면의 광통신 기술

바다 밑바닥에 사는 무척추동물인 거미불가사리는 지름이 2센티미터쯤 되는 원반 모양의 몸통에 길이가 6센티미터쯤 되는 가느다란 팔 다섯 개가 별 모양으로 뻗어 있어.

"원래 길이의 3배까지 늘어나는 팔은 쉽게 끊어지긴 하지만 곧 재생하지."

"하나 이상의 팔을 물이나 진흙 위로 뻗쳐 먹이를 잡고 나머지 팔은 닻으로 사용해."

거미불가사리는 팔의 아랫면에 있는 관족과 옆에 붙은 가시로 이동해. 관족은 빛과 냄새를 감지하는 감각 기관 역할을 해. 빛에 민감하게 반응하는 초소형 렌즈가 수없이 많이 달려 있기 때문이지.

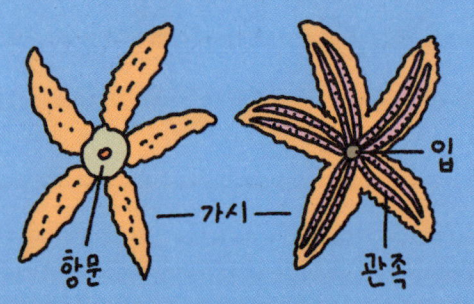

2001년 미국의 조애나 아이젠버그가 이 렌즈를 발견했어. 볼록한 돋보기처럼 생긴 렌즈 하나의 크기는 100분의 1밀리미터 이하로, 사람 머리카락 굵기의 5분의 1밖에 안 돼. 이 렌즈는 밖에서 오는 빛을 모아서 50배 이상 증폭하여 시각 신경으로 전달하지.

"다 지켜 보고 있지롱!"

거미불가사리는 렌즈 덕분에 깊은 바닷속에서 낮은 물론 밤에도 아주 작은 빛까지 감지할 수 있어. 어떠한 상황에서도 적의 접근을 신속하게 탐지해 도망칠 수 있지. 심지어 동물의 그림자까지 볼 수 있어.

"피..피해?"

아이젠버그는 거미불가사리의 렌즈가 사람의 기술로 만든 렌즈보다 훨씬 작고 빛에 정확하게 초점을 맞추며, 특정 방향에서 오는 빛을 감지하는 기능이 완벽하다고 평가했어. 그러면서 이 기술을 모방하면 초고속 광통신망이나 고성능 광컴퓨터를 개발할 수 있다고 확신했지.

아이젠버그는 해면 연구에서도 세계적인 전문가야.

깊은 바다 밑바닥에 사는 해면은 이동 기관이 없어 식물로 여기기 쉽지만 사실 플랑크톤을 먹고사는 동물이야.

해면은 유리로 만들어진 가느다란 수염을 뻗쳐 바다 바닥에 붙어 있어. 해면은 이 수염으로 바다 바닥에서 빛을 수집해 다른 해면에게 반사해. 이를 테면 해면의 수염은 거의 완벽한 광섬유이지.

몸길이는 45센티미터, 수염의 유리 섬유 길이는 5~20센티미터이고 굵기는 사람의 머리카락과 비슷해. 해면의 수염은 사람이 만든 광섬유보다 빛을 더 잘 전달하는 것으로 밝혀졌어.

광섬유는 광통신에 사용되는 유리 섬유야. 광통신은 광섬유를 사용하여 음성, 영상, 데이터 등 큰 용량의 정보를 먼 거리까지 전송하는 통신 방식이고. 요컨대 해면은 광통신 능력을 갖추고 있는 셈이지.

2004년 아이젠버그는 해면 유리 섬유 속의 단백질을 활용하면 광통신 기술을 향상시킬 수 있다는 연구 결과를 내놓았어.

순환경제와 블루시티

커피 원두는 농장을 떠나는 순간부터 주전자에서 추출될 때까지 전체의 99.8퍼센트가 버려지고 겨우 0.2퍼센트만 이용됩니다. 커피 쓰레기가 농장과 매립지에서 썩어 가는 동안 수백만 톤의 온실 가스가 배출됩니다.

커피 쓰레기의 주성분은 버섯이 먹고 자라는 셀룰로오스(섬유소)입니다. 1990년 홍콩 중문대학교의 슈팅 창 교수는 버섯 재배에 커피 쓰레기가 활용될 수 있음을 입증했습니다. 이를 계기로 콜롬비아·짐바브웨·세르비아 등 세계 곳곳에서 커피 쓰레기를 버섯 생산으로 순환하여 식품 생산에 성과를 내고 있습니다.

자연에서는 한 개체의 쓰레기가 다른 개체의 양분과 에너지가 되는 사례가 허다합니다. 생태계의 이런 순환 방식에서 영감을 얻은 순환경제가 21세기 들어 국제적 관심사가 되고 있습니다.

오늘날 경제는 '수취–제조–처분'하는 방식, 곧 유용한 자원을 채취해서 제품을 만들고 그 쓰임이 다하면 버리는 3단계 구조로 가동하는 '선형경제'입니다. 선형경제에서는 자원이 순환되지 않고 모두 쓰레기로 버려질 수밖에 없습니다.

1970년대에 거론되었으나 오랫동안 아이디어 차원에 머물러 있던 순환경제가 21세기에 접어들면서 선형경제의 대안으로 부각되는 까닭은 전 지구적인 자원 낭비와 환경 파괴 문제를 해결하는 효율적인 접근 방식으로 여겨지기 때문입니다.

세계 유수 기업 중에는 순환경제에 동참해 경쟁력을 더하는 사례가 한둘이 아

니다. 쓰레기를 재활용하는 대표적 기업은 제너럴 모터스와 스타벅스가 손꼽힙니다. 제너럴 모터스는 자동차 공장 폐기물을 원가 절감과 환경 보호 측면에서 평가하며 재활용합니다. 스타벅스는 커피 쓰레기의 재활용을 시도합니다. 가령 커피 찌꺼기로 플라스틱의 원료인 호박산을 생산하는 연구를 합니다.

스포츠 용품을 판매하는 푸마처럼 소비자로부터 중고품을 수거해서 새 물건을 만드는 데 사용하는 기업도 늘어나는 추세입니다.

순환경제는 역시 자연에서 답을 찾는 청색경제와 함께 우리나라 기업에도 도전이자 기회가 아닐 수 없습니다.

순환경제를 실천하는 사회적 기업도 적지 않습니다. 네덜란드 로테르담에 있는 블루시티(BlueCity)는 사회적 벤처 기업들로 순환경제 체계를 구축해 세계 곳곳에서 매달 수천 명이 견학을 다녀가는 명소가 되었습니다. 블루시티 안의 레스토랑에서 나오는 커피 찌꺼기로 느타리버섯을 재배하는 벤처 기업이 있고, 이 버섯이 다시 그 레스토랑으로 공급되면서 음식의 재료로 사용된다고 하는군요.

블루시티(네덜란드 로테르담)

3장
자연에서 배우는 건축

자연에서 영감을 얻은 건축물의 종류는 다양해.
흰개미 집단이 쌓아 올린 둔덕을 모방한 건물은 무더운 아프리카
날씨에도 냉난방 장치 없이 쾌적한 상태가 유지되고,
나미브사막풍뎅이가 사막에서 물을 만들어 내는 기술에서 영감을 얻은
해수 온실 기술은 건조한 지역에서 농작물 재배를 가능하게 하지.
생물모방의 원리를 생태 도시 설계에 활용하는 건축가들도 있어.

동물을 본뜬 건물

다르시 톰슨(1860~1948)은 1917년에 펴낸 《성장과 형태》에서 "자연은 최소의 물질을 사용하여 최소의 에너지가 소요되는 구조를 만들기 위해 노력해 왔다."고 말했어. 코끼리, 낙타, 기린, 캥거루, 나무늘보, 공룡 등의 형태를 기계 공학 측면에서 일일이 분석하기도 했지.

《성장과 형태》가 출간된 이후 동물의 골격은 건축가들에게 영감의 원천이 되었어. 이 책에 실린 공룡의 척추뼈 그림을 보고 영국의 건축가들은 '공룡 다리'를 설계했지. 강철 등뼈가 강철 힘줄로 연결된 구조의 이 다리는 공학적으로 실현될 수 있는 완벽한 구조이지만 아직 건설되지는 않았어.

자연의 구조들은 다 이유가 있는 법!

동물의 골격 구조에 남다른 애착이 있던 스페인 태생의 건축가 산티아고 칼라트라바(1951~)는 2001년 미국 위스콘신주의 밀워키에 밀워키 미술 박물관을 건축했어.

동물 최고!

새의 날개와 고래의 꼬리가 표현되어 있는 이 건물은 생물을 본떠 설계된 건물 중 규모가 가장 커. 칼라트라바는 2004년 아테네 올림픽 스타디움을 설계하여 세계적 건축가의 반열에 올랐어.

거미집을 모방한 대형 건조물

거미는 여러 형태의 집을 짓지. 뜨락의 소나무 사이로 하늘 높이 내걸린 집부터 지하의 음습한 굴속에 자리잡은 집까지, 거미집의 모양은 천차만별이지만 모두 한 가지 공통된 기능이 있어. 곤충이 걸려 들면 줄의 진동이 침입자를 알아내는 덫의 역할을 한다는 거야.

방사형 거미집 | 얽힌 거미집 | 터널형 거미집

거미집은 건축가들에게 큰 영감을 불러일으켰어. 금방 끊어질 것처럼 약해 보이지만 비바람에도 끄떡없는 거미집의 구조를 본떠 건축물을 설계한 건축가들이 적지 않거든. 대표적인 인물은 독일의 건축가 프라이 오토(1925~)야.

그는 거미집처럼 밧줄로 덮인 건조물을 설계했어. 여러 개의 기둥 아래로 밧줄이 거미줄처럼 매달려 있지. 1967년 몬트리올 세계 박람회에서 선보인 서독 전시관은 그의 설계 개념이 고스란히 담긴 작품으로 손꼽혀.

일본의 건축가인 단게 겐조(1913~2005)는 일본의 전통 건축과 현대 건축의 결합을 시도했어. 1964년 도쿄 올림픽을 위해 설계한 국립 요요기 실내 종합 경기장은 프라이 오토의 작품처럼 거미집 구조를 모방하여 설계되었어.

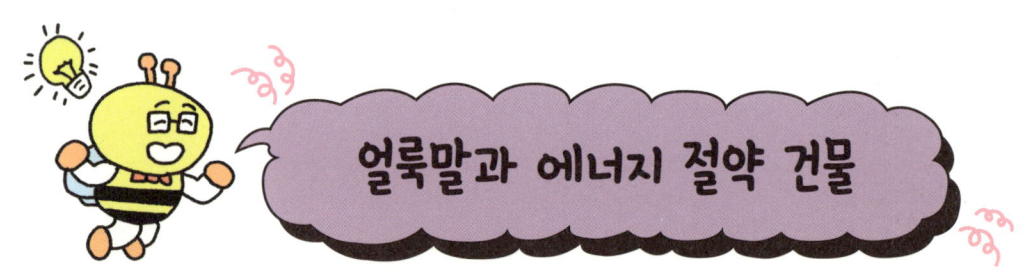

얼룩말과 에너지 절약 건물

얼룩말의 흰 줄무늬와 검은 줄무늬는 털뿐만 아니라 피부에도 그려져 있어. 이 두 가지 색의 줄무늬가 상호 작용하여 피부의 표면 온도를 낮추는 것으로 밝혀졌지.

흰색은 태양 빛을 반사하여 열기를 감소시키는 반면, 검은색은 태양빛을 흡수하여 표면 온도를 높여. 따라서 흰 줄무늬 위의 공기 온도는 검은 줄무늬 위의 공기 온도보다 낮아. 검은 줄무늬 위의 더운 공기는 위로 상승하고, 그 빈자리를 흰 줄무늬의 공기가 채우는 흐름이 반복되지.

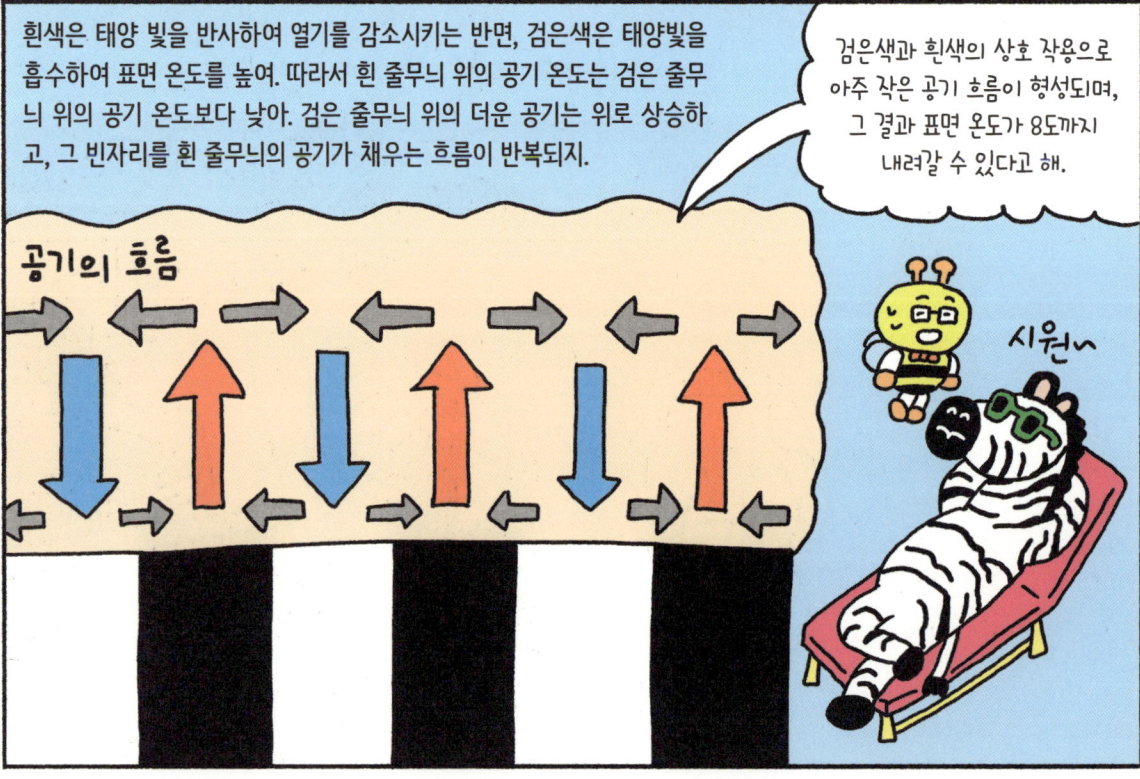

스웨덴의 건축가 안데르스 나이퀴스트는 얼룩말에서 얻은 영감을 건축 설계에 응용했어. 그동안 건축가들은 건물에 열을 반사하는 색깔인 흰색을 발라서 건물의 온도를 낮추려고 했어. 그러나 나이퀴스트는 건물에 얼룩말처럼 흰색과 검은색을 함께 쓰면 표면 온도가 조절되어 단열 효과가 생길 거라고 생각한 거야.

무조건 열을 반사하는 흰색 말고 얼룩말 무늬처럼 해 보면 어떨까?

나이퀴스트가 설계한 일본의 한 건물은 검은색과 흰색의 상호 작용을 응용해 여름철에 냉방 장치를 사용하지 않고도 건물 내부의 온도를 약 5도까지 낮췄다고 해.

다 네 줄무늬 덕분이야.

히히잉!

위대한 흰개미 집단

호주, 우간다, 코트디부아르, 나미비아의 초원에는 진흙으로 만들어진 탑이 널려 있어. 3미터 이상 솟아오른 이 구조물은 바로 흰개미가 세운 둔덕이야. 흰개미들이 진흙 알갱이에 침과 배설물을 섞어서 만든 거야.

둔덕 안에는 흰개미 둥지가 있어. 나미비아 대초원에 있는 원뿔 모양의 탑은 2미터쯤 되는 구형의 둥지 안에 왕과 여왕의 거처, 새끼 개미를 기르는 육아실, 버섯을 재배하는 방, 곳간 등 수많은 방이 있어.

둥지 안에서 200만 마리의 흰개미가 버섯을 길러 먹고살아. 버섯은 흰개미의 창자 안에 들어가면 나무나 풀을 소화시키는 데 도움을 줘. 흰개미와 버섯이 공생 관계를 유지하는 셈이지.

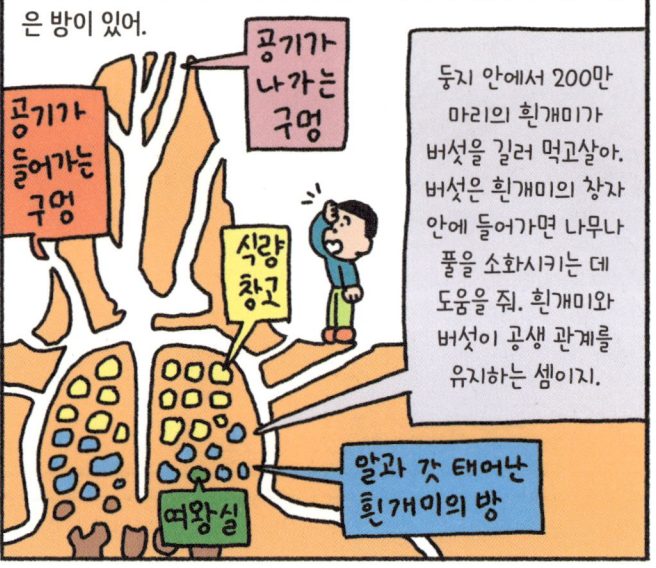

둔덕 안의 둥지는 대개 지표면보다 아래쪽에 있는데, 조그마한 곤충들이 힘을 들여 지표면 위로 높이 솟아오른 둔덕을 만든 이유가 무엇일까? 둥지 안에서는 흰개미 수만 마리가 엄청난 양의 산소를 소비하여 이산화탄소를 배출하면서 동시에 열을 발생시켜. 둔덕 안의 버섯 퇴비 역시 이산화탄소와 열을 내뿜지. 심지어 흰개미는 피부가 연약해 적절한 습도가 유지되어야 해. 요컨대 둥지 안의 공기와 온도를 조절하는 환기 시스템이 필요했던 거야.

둔덕의 높이 솟은 탑에는 중앙에서부터 꼭대기까지 커다란 굴뚝이 수직으로 쭉 뻗어 있어. 둥지 안에서 발생한 열과 이산화탄소가 뒤섞인 뜨거운 공기가 이 굴뚝을 통해 밖으로 빠져나가면서 둥지 안의 온도는 낮아져. 한편 둔덕 바깥에서 바람이 불면 찬 공기가 지표면 바로 아래에 있는 다른 관을 통해 들어와 흰개미집은 어느 곳, 어떤 기후에서도 온도는 섭씨 27도, 습도는 60퍼센트를 유지할 수 있어.

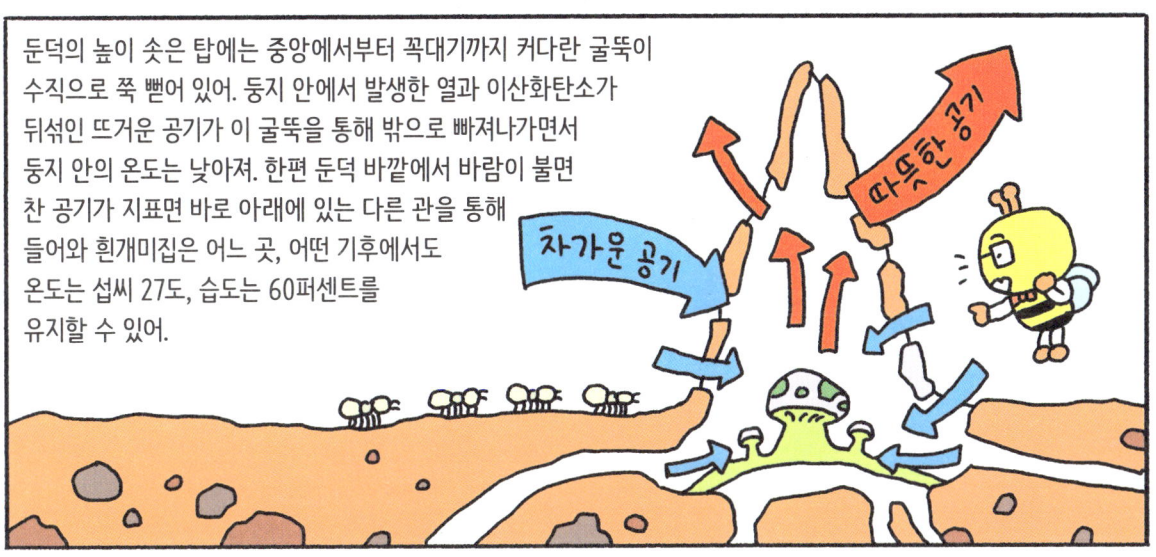

짐바브웨 공화국 태생인 믹 피어스(1938~)는 흰개미 둔덕에서 영감을 얻어 이스트 게이트 센터를 설계했어. 1996년 수도 하라레에 건설된 이스트 게이트 센터는 벽돌로 지어진 두 개의 10층짜리 건물로, 낮에는 열을 저장하고 밤에는 밖으로 내보내는 방식으로 냉난방 장치 없이 스스로 실내 온도를 조절하지.

이스트 게이트 센터는 저녁 무렵 바깥 온도가 급격히 낮아지면, 두 가지 기능을 작동시켜. 먼저 실내의 따뜻한 공기가 건물 위로 올라가 옥상의 통풍구를 통해 배출되고, 커다란 송풍기가 돌기 시작하면서 건물 바닥에 뚫린 구멍으로 차가운 밤공기가 들어와.

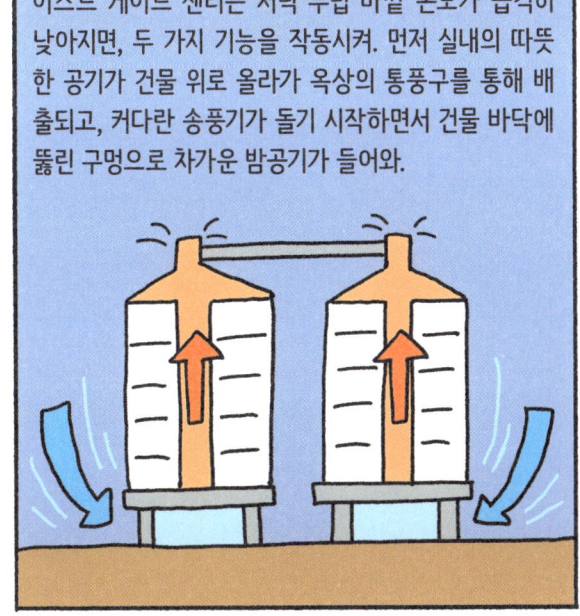

밤에는 찬 공기가 건물 안을 꽉 채우면서 실내 온도는 서늘해져. 건물 바깥 온도가 5도에서 33도 사이를 큰 폭으로 오르락내리락하는 동안에도 이스트 게이트 센터 실내 온도는 21~25도로 유지되지.

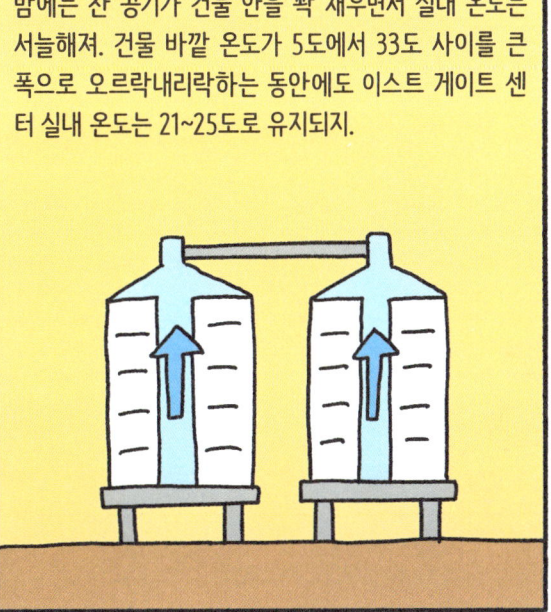

떼지능

흰개미는 수백만 마리가 집단을 이루고 살면서 질서 있는 사회를 유지합니다. 흰개미는 진흙이나 나무를 침으로 뭉쳐서 집을 만듭니다. 아프리카 초원에 사는 버섯흰개미는 높이가 4미터나 되는 탑 모양의 둥지를 만들 정도입니다. 이 집에는 온도를 조절하는 정교한 냉난방 장치가 있으며, 애벌레에게 먹일 버섯을 기르는 방까지 갖추고 있습니다.

개개의 개미는 집을 지을 만한 지능이 물론 없습니다. 그럼에도 흰개미 집합체는 역할이 상이한 개미들의 상호 작용을 통해 거대한 집을 올립니다. 1928년 곤충학자인 윌리엄 휠러(1865~1937)는 개개의 흰개미가 가진 것의 총화를 훨씬 뛰어넘는 지능과 적응 능력을 보여 준 흰개미의 집단을 지칭하기 위해 '초유기체'라는 용어를 만들었습니다. 흰개미의 집합체를 하나의 거대한 유기체와 대등하다고 여겼기 때문입니다.

초유기체는 구성 요소가 개별적으로 갖지 못한 특성이나 행동을 보여 줍니다. 하위 수준(구성 요소)에는 없는 특성이나 행동이 상위 수준(전체 구조)에서 자발적으로 돌연히 출현하는 현상은 다름 아닌 '창발(이머전스)'이라고 하지요. 특히 개미, 흰개미, 꿀벌, 장수말벌 같은 사회성 곤충이 집단 행동을 할 때 창발하는 집단 지능을 일러 '떼지능'이라고 해요.

사막의 개미 집단은 예측 불가능한 환경에 살면서도 매일 아침 일꾼들을 갖가지

업무에 몇 마리씩 할당해야 할지 확실히 알고 있습니다. 숲의 꿀벌 군체도 단순하기 그지없는 개체들이 힘을 합쳐 집을 짓기에 알맞은 나무를 고를 줄 압니다. 카리브해의 수천 마리 물고기 떼는 한 마리의 거대한 은백색 생물인 것처럼 전체가 한순간에 방향을 바꿀 정도로 정확히 행동을 조율하지요. 북극 지방을 이주하는 엄청난 규모의 순록 무리도 개체 대부분이 어디로 향하고 있는지 정확한 정보를 갖고 있지 않으면서도 틀림없이 번식지에 도착합니다. 하지만 동물의 무리가 모두 영리한 것만은 아닙니다.

버섯흰개미 집

북아프리카와 인도에 사는 사막메뚜기는 대부분의 시기에 평화롭게 지내는 단순한 곤충이지만 갑자기 공격적으로 바뀌면 대륙 전체를 말 그대로 초토화합니다. 2004년 서아프리카를 습격한 사막메뚜기 떼는 농경지를 쑥대밭으로 만들고 수백만 명을 기아로 내몰았습니다.

떼지능은 집단 지능의 일종입니다. 일부 지식인들이 집단 지능을 집단 지성이라고 표현하는 것은 부자연스럽습니다. 개미 떼나 사막메뚜기 떼에게 지능은 몰라도 지성이 있다고 할 수야 없으니까요.

대나무 집의 쓰임새

2000년 독일 하노버에서 개최된 세계 엑스포 대회에 대나무로 만든 두 개의 전시장이 설치되었어. 하나는 대나무 건축의 대가로 불리는 콜롬비아의 시몬 벨레스(1949~)가 설계한 제리 재단의 전시장이고,

다른 하나는 일본의 혁신적인 건축가로 명성이 높은 반 시게루(1957~)가 설계한 일본 전시장이야.

대나무는 속이 비어 있지만 내구성과 기능성만큼은 강철과 콘크리트에 견줄 만해. 건물 구조용 자재로서 뛰어난 잠재력을 지닌 자연 재료지.

벨레스가 설계하여 콜롬비아에 세워진 세계 최대의 대나무 건축물은 지진을 두 차례나 겪었지만 지붕에서 기와 몇 장 떨어진 것 말고는 별다른 피해가 없었다고 해.

지진을 두 번이나 견디다니!

전문가들은 대나무가 지진을 견뎠다기보다는 땅의 움직임을 그대로 따라갔기 때문에 지진의 충격을 이겨 낸 것으로 분석하고 있어. 대나무가 지진이 발생할 때 흔들리는 땅과 함께 멋진 춤을 추었다고나 할까.

대나무는 세계 곳곳에서 빠르게 자라기 때문에 강철이나 콘크리트보다 훨씬 저렴하게 구할 수 있어. 대나무의 아름다움을 살린 매력적인 주택을 얼마든지 건설할 수 있지.

건축 자재로서 대나무의 특성을 잘 활용하면 개발 도상국이나 지진이 자주 발생하는 지역에서 강철이나 콘크리트를 사용하지 않고 주택 문제를 경제적으로 해결할 수 있어.

2001년 인도 구자라트 대지진 당시 지어진 대나무 대피소

2011년 뉴질랜드 크라이트처치 대지진 이후 지어진 대나무 성당

수풀로 바뀌는 사막

물이 귀한 지역에 사는 생물의 물 저장 능력은 많은 건축가들에게 영감을 주지. 나미브 사막의 풍뎅이가 아침 안개 속에서 물방울을 만들어 내는 것처럼, 건조한 지역에서 신선한 물을 생산하는 기술이 개발됐어.

1991년 영국의 발명가인 찰리 파튼은 '해수 온실 기술(씨워터 그린하우스)'을 제안했어. 바닷물과 온실, 태양 에너지를 사용해 신선한 물과 공기를 만들어 바다와 가까운 지역에서 농작물을 재배하는 기술이지.

해수 온실 기술에서 바닷물은 두 가지 과정을 거쳐 처리돼.

❶ 바닷물이 온실의 앞쪽 벽에 있는 해수 증발 장치로 흐르면 온실 안으로 들어온 공기가 축축하고 서늘해져.

❷ 그럼 특수하게 설계된 지붕을 통해 온실 안을 쬐는 햇빛이 공기 중의 바닷물을 증류하여 담수*로 만들지.

한편, 축축해진 온실 공기의 일부는 밖으로 배출되어 온실 근처 작물의 성장에 도움을 줘.

해수 온실은 비용의 경제성을 고려해 1992년 아프리카 북서해안 카나리아 제도에 처음으로 시제품이 설치되었고, 2000년 아랍 에미리트 연방 수도인 아부다비에 두 번째로 설치되었어. 2004년 오만에 세 번째 해수 온실이 세워졌고 2010년에는 호주, 2017년에는 소말리아에 설치되었지.

*담수: 강이나 호수, 지하수와 같이 염분의 함량이 낮은 육지의 물

해수 온실 기술은 환경을 훼손하지 않고 단순한 설비를 사용하여 적은 비용으로 해수를 담수로 바꿔 줘. 이런 이유로 물 한 방울 없는 사막을 푸른 나무가 자라는 곳으로 바꾸려는 사람들에게 희망을 안겨 주고 있어.

"건조한 나라들에게 안성 맞춤이군!"

열대 우림은 지구의 허파로 불리며, 지구 전체 생물 종의 절반 이상이 살고 있을 정도로 놀라운 생물 다양성을 보여 주는 곳이야. 그런 열대 우림이 급속도로 줄어들고 있어. 열대 우림 감소의 대안은 사막에 수풀을 조성하는 거야.

사막에 나무를 심으려는 대표적인 시도는 '사하라 녹화 계획'이야. 사하라 녹화 계획은 햇빛을 이용하는 집광형 태양열 발전과 바닷물을 이용하는 해수 온실 기술을 결합하는 거야.

집광형 태양열 발전은 햇빛으로부터 전기를 생산하는 재생 에너지의 일종이야. 사막에 각도 조절이 가능한 반사판(거울)을 설치하고, 반사판으로 태양광을 모아서 그 열로 바닷물에서 수증기를 만들어. 이 수증기로 재래식 증기 터빈을 돌려 전기를 발생시키지.

집광형 태양열 발전은 청정 에너지를, 해수 온실 기술은 바닷물로 깨끗한 물과 시원한 공기를 만들어 내기 때문에 사막 한가운데서 농작물도 재배하고 수풀이 우거지도록 할 수 있을 거야.

생태계를 본뜬 생물모방 도시

중국 최초의 생태 도시인 동탄과 완주앙을 설계하는 작업에 참여한 영국의 도시 계획 전문가 피터 헤드는 재닌 베니어스의 《생물모방》에서 많은 영감을 얻었어.

베니어스는 유기체(생물)가 수십억 년에 걸친 자연 선택을 통해서 생존을 위해 터득한 전략으로 아래의 열 가지를 꼽았어. '유기체의 생존을 위한 십계명'이라고 할 수 있지.

❶ **폐기물을 자원으로 활용한다.**
모든 폐기물은 식량이며, 모든 생명체는 결국 다른 생명체의 몸에서 되살아난다.

❷ **서식지를 최대한 활용하기 위해 다양화하고 협동한다.**
성숙한 생태계에서 협동은 경쟁만큼이나 중요하다. 우리 몸은 단세포 동물이 모여 이루어진 거대한 다세포 집합체라 할 수 있다. 곧 우리는 협력의 힘을 보여 주는 살아 있는 증거이다.

❸ **에너지를 효율적으로 모으고 사용한다.**
에너지를 낭비하거나 오용하는 생물은 생태계 밖으로 솎아 내진다.

❹ **최대화하기보다 최적화한다.**
성숙한 생태계에서는 후손의 최대화에 대한 강조가 최적화에 대한 강조로 전환되어, 자손을 하나나 둘이 확실히 살아남게 한다.

❺ **물자를 절약한다.**
생물은 기능에 형태를 맞추고, 최소의 물질로 조용히 필요한 것을 정확하게 만들어 낸다.

❻ **보금자리를 오염시키지 않는다.**
생물은 자신의 제조 설비, 곧 서식지에서 먹고 숨 쉬고 자야만 하므로 서식지를 독으로 오염시켜서는 안 된다.

과소비는 금물!

어린 생선은 놔줘야해

❼ **자원을 훼손하지 않는다.**
성숙한 생태계에서 생물은 원금이 아닌 수확할 수 있는 이자로 먹고산다.

❽ **생물권과 균형을 맞춘다.**
모든 물질 순환은 생물권 수준에서 일어난다. 생물권은 지구상이나 대기 중에서 생물이 생활하고 있는 모든 장소로, 대기, 토양, 물 등 지구 표면이 이에 해당한다. 생물은 서로 수고받는 과정을 통해 생존에 필요한 조건을 유지한다.

❾ **정보를 활용한다.**
수많은 다른 생물과 연결되어 있고, 그러한 연결에 의존하는 생물은 자신의 의도를 이웃에게 알려 그들과 상호 작용하는 확실한 방법을 발전시켜야 한다.

❿ **토착 산물을 구매한다.**
우리가 자연을 흉내 내고 싶다면 우리의 입맛을 현재 살고 있는 장소에 적응시키고 가능한 가까이에서 자원을 얻어야 할 것이다.

피터 헤드는 베니어스가 제시한 십계명을 중국의 생태 도시 설계에 적용했어. 허베이성 완주앙에 환경 친화적이면서 경제적으로나 문화적으로 지속 가능한 도시 건설을 위해 도시와 농촌이 유기적으로 결합된 생태 도시 계획을 수립했지.

농지의 35퍼센트에만 건물을 올리고 나머지 65퍼센트는 그대로 농사를 짓도록 했어. 배나무 과수원의 85퍼센트도 그대로 남겨 두었지. 새 건물 또한 전통 가옥 부근에 5~6층으로 세우고 마을 대부분은 그대로 보존했어.

헤드는 여기에 '서식지를 최대한 활용하기 위해 다양화하고 협동한다.'는 유기체의 두 번째 특징을 반영해, 주민들이 여가를 손쉽게 즐기고 가까운 거리에서 함께 일하며 살 수 있는 복합 기능 도시를 설계했어.

또 '에너지를 효율적으로 모으고 사용한다.'는 유기체의 세 번째 특징을 교통 체계 설계에 적용했어. 교통 체계의 이동성보다 접근성을 최적화하는 방향으로 접근해 에너지 수요를 80퍼센트까지 줄일 수 있었지.

영국의 건축가인 마이클 폴린은 자신의 저서 《건축 속의 생물모방》에서 헤드의 접근 방법을 이렇게 평가했어. "생물모방은 바야흐로 막이 오른 생태 시대에 필요한 융합적 사고를 증진하는 포괄적인 뼈대를 제공한다."

파울리 아저씨, 고마워요!

　자연에서 배우는 청색 경제를 창안한 군터 파울리는 청소년이 청색 경제와 청색 기술을 이해하기 쉽도록 하기 위해 우화집을 저술하고 있습니다.
　《군터의 우화(Gunter's Fables)》는 총 365권입니다. 청소년이 하루에 한 권씩 읽으면 1년 365일 동안 모두 읽을 수 있게 하려는 것입니다.
　한편 중국 정부는 《군터의 우화》를 중국어로 번역해서 어린이들에게 무상으로 나누어 주고 있습니다.
　지구 온난화와 기후 위기에 대해 어린 시절부터 관심을 갖게 할 뿐만 아니라 자연에서 영감을 얻어 창의적인 사고를 하는 방법을 가르쳐 주려는 중국 정부의 교육 방향에 공감하는 사람들의 응원이 끊이지 않는다는군요.

군터 파울리가 2018년 4월 중국 정부의 초청으로 초등학교 20개교를 방문하여 어린이들과 만나고 있습니다.

군터 파울리가 2019년 4월 중국 우한 외국어 고등학교를 방문하여 《군터의 우화》를 들고 있습니다.

4장
생물을 모방하는 로봇

동물을 본뜬 로봇은 땅, 바다, 하늘은 물론 화성에서도
큰 역할을 할 거라고 해. 파리지옥풀처럼 벌레를 잡아먹는
식물 로봇도 개발되었어. 미시의 세계에서
임무를 수행하는 마이크로 로봇이나 나노 로봇의
모터 문제를 해결하는 데 자연의 지혜를 빌리기도 하지.
생물을 모방한 로봇의 세계로 들어가 보자.

사람을 닮은 로봇

로봇 연구의 궁극적인 목표는 사람처럼 생기고 행동하는 로봇, 곧 휴머노이드(인간형) 로봇 개발이야. 로봇 공학의 초기 단계에는 산업용 로봇 제작에 주력했어.

세계 최초로 사람 크기의 휴머노이드 로봇을 개발한 인물은 일본 와세다대학교의 가토 이치로야. 그는 1973년에 시각 능력과 음성 합성 능력을 갖춘 와봇(와세다로봇) 1호를 내놓았어. 1984년 발표한 와봇 2호는 악보를 읽어 열 손가락과 두 발로 풍금을 연주할 수 있었지.

그런 와세다대학교의 경쟁자는 혼다 자동차였어. 혼다 자동차는 1996년 10년에 걸쳐 엄청난 비용을 들여 개발한 P2(프로토타입2), 두 발로 걷는 휴머노이드 로봇을 공개했어. 이듬해에는 보다 개량된 P3를 내놓았지.

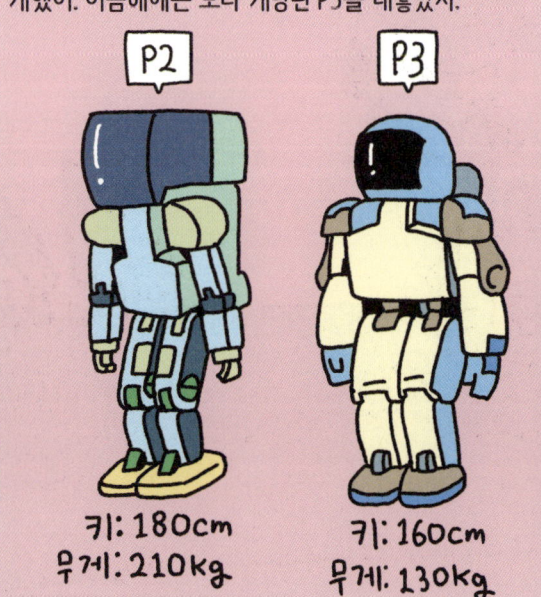

2000년 11월에는 야심작 아시모를 출시했어. 키 120센티미터에 무게 43킬로그램인 아시모는 두 발로 사람처럼 균형을 잡으며 걸으며, 춤까지 추었지. 아시모는 세계 최초의 본격적인 '이족보행 로봇'으로 여겨지며 많은 사람을 놀라게 했어.

한편, 미국 매사추세츠공과대학교에서는 호주 출신의 로드니 브룩스(1954~)가 휴머노이드 로봇 개발에 앞장섰어. 그는 자신이 제안한 '포섭 구조'를 적용해 코그를 개발했어.

1993년부터 개발된 코그는 머리와 두 팔 그리고 상체만 있는 로봇이야. 매우 무거운 발판에 고정되어 있지. 높이는 86센티미터의 발판을 포함해서 172센티미터 정도 돼. 코그는 대상에 초점을 맞추고 팔을 뻗을 수도 있고, 자신의 동작을 고칠 수도 있어.

그런데 포섭 구조가 뭘까? 기존의 로봇은 뇌, 곧 중앙 통제 장치가 모든 의사결정을 내려. 예를 들면 로봇이 걸을 때 뇌가 무릎이나 발목에 어떻게 구부려야 하는지 명령을 내리는 거야. 하지만 포섭 구조 로봇은 무릎이나 발목에 각각 센서와 컴퓨터가 달려 있어서, 이런 조그마한 컴퓨터가 관절들에게 움직임을 지시해. 중앙 통제 장치인 뇌는 무릎이나 발목의 움직임에 전혀 관여하지 않지.

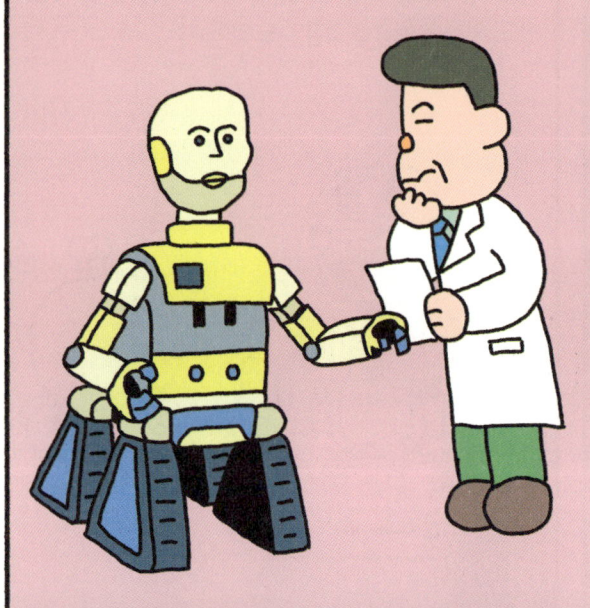

우리나라에서는 1999년 한국 과학 기술 연구원의 로봇 센토를 거쳐 2001년 5월 카이스트가 국내 최초로 사람처럼 몸통을 갖춘 휴머노이드 로봇, 아미를 개발했어.

아미는 키 150센티미터에 15개의 관절로 구성되어 있고, 바퀴로 굴러다녀. 사람과 대화가 가능하며 가슴에 달린 스크린으로 기쁨과 슬픔을 표현할 수 있어.

2004년 12월 카이스트의 오준호 교수는 휴보를 발표했어. 휴보는 두 발로 자유롭게 걷는 국내 최초의 휴머노이드 로봇이야. 키는 125센티미터, 무게는 55킬로그램이지.

이후 조금 더 가볍고 빠른 휴보Ⅱ를 거쳐 2015년 성능이 강화된 DRC-휴보가 개발되었어. DRC-휴보는 미국 국방부 산하 방위 고등 연구 계획국(다르파)이 주최한 '다르파 로보틱스 챌린지'에 나가서 우승할 정도로 성능을 인정받았지.

동물을 모방한 로봇

로봇 공학자들은 동물의 행동을 모방한 갖가지 종류의 로봇을 개발하고 있어. 울퉁불퉁한 땅 위를 자유자재로 걸어 다니는 보행 로봇, 물속에서 잠수부처럼 능숙하게 작업을 하는 수중 로봇, 하늘을 마음껏 날아다니는 비행 로봇까지 종류도 다양하지.

비행 로봇 분야의 선구자인 미국의 폴 맥크레디(1925~2007)는 1980년대 후반 약 6500만 년 전에 살았던 날개 달린 파충류인 익룡을 본뜬 로봇을 만들었어. 안타깝게도 이 로봇은 시험 비행 도중 추락하여 산산조각이 나고 말았지.

1970년대 중반 일본 도쿄공업대학교의 히로세 시게오(1947~)는 뱀의 움직임을 연구하여 땅 위를 구불거리며 움직이는 바퀴 달린 로봇을 개발했어. 히로세 교수는 길이 2미터, 20개의 마디가 있는 이 뱀 로봇이 지하 배관을 검사하는 데 활용되기를 기대했어.

로봇 공학자들에게 가장 많은 도움을 준 생물학자는 미국의 로버트 풀이야. 풀은 다리가 많이 달린 절지동물에 관심이 많았어. 절지동물은 지구상의 동물 중에서 종류가 가장 많아.

절지동물의 종류

곤충류 (개미, 사마귀, 메뚜기 등)	거미류 (거미, 진드기, 전갈 등)	갑각류 (게, 새우, 가재 등)	다족류 (지네, 노래기 등)
6개(세 쌍)	8개(네 쌍)	10개(다섯 쌍)	10개 이상(다섯 쌍 이상)

로봇 공학자들은 로봇에 응용하기 위해 절지동물의 다양한 걸음걸이를 연구하고 있어. 가장 많이 연구되는 것은 곤충의 걸음걸이야.

곤충의 다리 6개가 움직이는 모양을 관찰한 결과, 곤충의 다리는 제각기 독자적인 제어 구조를 갖고 있었어. 일괄적으로 제어하는 게 아니었던 거지.

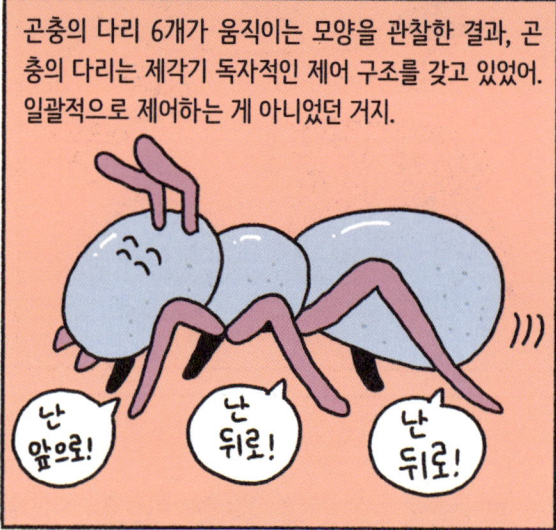

곤충이 울퉁불퉁한 곳에서 자유자재로 걷거나 달릴 수 있는 이유도, 한두 개의 다리가 잘려 나간 뒤에도 땅바닥을 기어 다닐 수 있는 이유도 설명된 셈이지.

로드니 브룩스는 동물 행동학을 로봇 공학에 융합시켰어.

브룩스가 포섭 구조로 설계한 대표적인 곤충 로봇은 징기스와 아틸라야. 바퀴벌레처럼 괴상한 모양의 징기스는 무게가 1킬로그램에 불과하지만 6개의 다리, 2개의 수염, 6개의 눈이 달린 이동 로봇이야. 징기스보다 더욱 정교하게 만들어진 아틸라는 곤충 로봇의 최고 걸작이라고 할 수 있지.

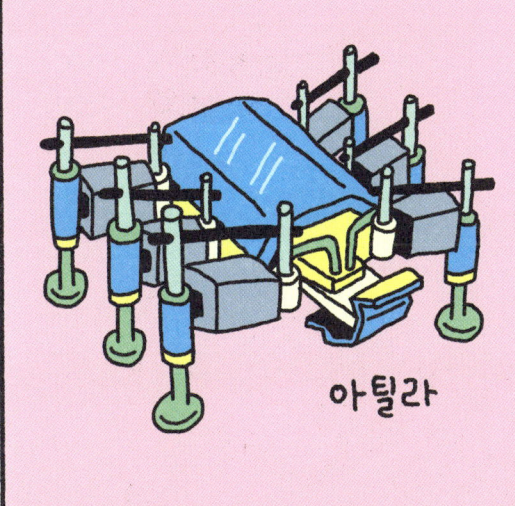

2005년 2월 세계 최초의 물고기 로봇이 영국 런던의 수족관에 나타났어. 길이 50센티미터, 높이 15센티미터, 두께 12센티미터인 물고기 로봇은 해저 탐사나 기름 유출 탐지, 스파이 활동에 활용될 예정이라고 해.

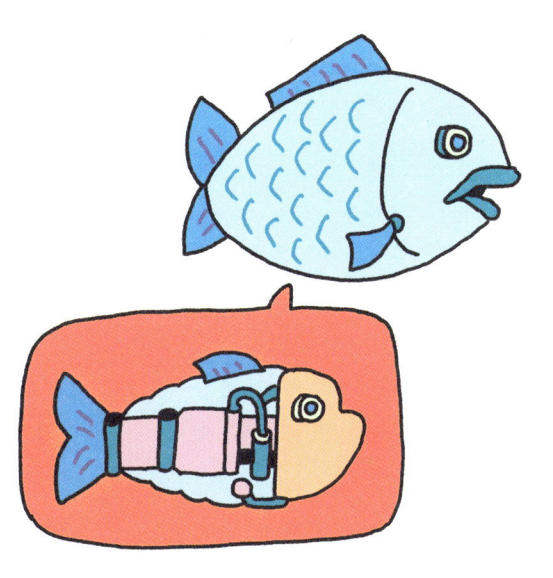

일본의 브래키에이터3는 긴팔원숭이의 '브래키에이션'을 흉내 낸 로봇이야. 브래키에이션이란 긴팔원숭이가 나무 위에서 양손을 번갈아 잡고 몸을 흔들며 이동하는 동작을 말해. 높이 80센티미터, 무게 10킬로그램의 브래키에이터3는 긴팔원숭이처럼 줄에 매달린 채로 양손을 번갈아 가며 재빠르게 이동하지.

2008년 미국에서 동물처럼 네 발로 걷는 로봇인 빅도그가 발표되었어. 키 70센티미터, 길이 1미터의 빅도그는 말처럼 최대 160킬로그램의 짐을 운반할 수 있지. 싸움터에서 군수품을 등에 지고 달리는 군사 로봇으로 인기가 높아.

소프트 로봇

문어는 길이 3미터, 무게 15킬로그램의 몸을 자유자재로 변형하여 몸 크기보다 작은 구멍도 쉽게 통과할 수 있어.

이 정도 구멍은 식은 죽 먹기지!

문어의 이런 특성은 로봇 개발에 많은 영향을 미치고 있지.

부들 부들

연체동물인 문어처럼 몸체를 딱딱한 금속 대신에 유연한 소재로 만드는 것을 소프트 로봇(soft-bodied robot)이라고 해.

2007년 이탈리아의 세실리아 라스치가 문어를 본뜬 로봇 개발에 착수한 이후로 소프트 로봇이 다양한 형태로 개발되고 있어.

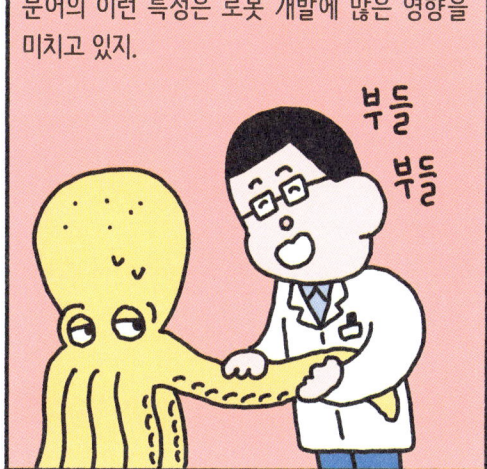

2016년 국제 학술지 〈네이처〉 8월 25일 자에는 미국 하버드대학교에서 개발한 옥토봇이 발표되었어. 3차원(3D) 프린터로 찍어 낸 이 옥토봇은 전기가 아닌 화학 에너지를 이용해 8개의 다리를 교대로 움직이지.

한국에서도 소프트 로봇 개발에 속도가 붙고 있어. 앞으로 산업 현장이나 수술실에서 소프트 로봇이 활발하게 이용될 거라고 해.

떼지능 소프트웨어와 떼로봇 공학

　떼지능은 인간 사회의 다양한 문제를 해결하는 소프트웨어 개발과 로봇 공학에 활용되고 있습니다. 떼지능을 본떠 만든 대표적인 소프트웨어는 개미 떼가 먹이를 사냥하기 위해 이동하는 모습을 응용한 것입니다. 먼저 개미 한 마리가 먹이를 발견하면 동료들에게 알리기 위해 집으로 돌아가는데 이때 땅 위에 행적을 남깁니다. 지나가는 길에 '페로몬'을 뿌리는 것입니다. 동물이 다른 개체에게 정보를 전달하기 위해 몸에서 분비되는 물질을 통틀어 페로몬이라고 합니다. 요컨대 개미는 냄새로 길을 찾아 먹이와 보금자리 사이를 오가는 것입니다.

　개미가 냄새를 추적하는 행동을 본떠 만든 소프트웨어는 살아 있는 개미가 먹이와 보금자리 사이의 최단 경로를 찾아가는 것처럼 길을 추적하는 능력이 뛰어납니다. 이러한 소프트웨어는 일종의 인공 개미라고 할 수 있지요.

　인공 개미 떼의 궤적 추적 능력은 운송 업체나 통신사에서 크게 활용됩니다. 인공 개미를 사용하면 운송 업체는 채소나 석유 따위를 단시간에 배달하고, 통신사는 통화량이 폭증하는 네트워크에서 통화를 경제적으로 연결해 줄 수 있습니다. 이를 테면 인공 개미가 교통 체증을 정리하는 경찰관처럼 통화 체증을 해소하는 역할을 하는 셈입니다.

　떼지능은 로봇의 무리에서 출현하기도 해요. 떼지능의 원리를 로봇에 적용하는 분야는 '떼로봇 공학'이라 불립니다. 대표적인 연구 성과는 유럽의 스웜봇 계획, 미

국 국방부의 센티봇 계획, 미국 하버드대학교의 킬로봇입니다. 벨기에의 마르코 도리고가 주도한 스웜봇 계획은 키 10센티미터의 바퀴 달린 로봇을 개발해 1991년부터 개미 집단의 떼지능을 연구했습니다. 미국의 센티봇 계획은 키 30센티미터인 로봇의 집단을 개발해서 2004년 1월에 이 작은 로봇 66대로 이루어진 무리를 빈 사무실에 풀어놓았는데, 건물에 숨겨진 무언가를 찾아내는 임무를 제대로 수행한 것으로 알려집니다.

2014년 하버드대학교 연구진은 국제 학술지 〈사이언스〉 8월 15일 자에 키 55센티미터의 로봇 1000개로 형성된 킬로봇이 "바닷속 침몰 여객선을 수색하거나 구조하는 임무를 수행할 것"이라는 논문을 발표했습니다.

떼로봇 공학은 전쟁터를 누비는 무인 차량이나 혈관 속에서 암 세포와 싸우는 나노 로봇 집단을 제어할 때도 활용될 전망입니다. 화성에 모기 로봇 집단을 상륙시키면 떼지능이 창발할 것이므로 모기 로봇들이 우주 탐사 임무를 성공적으로 수행할 것이라고 주장하는 로봇 공학자도 있을 정도입니다.

스웜봇

센티봇

식물을 모방한 로봇

식충 식물처럼 벌레를 잡아먹는 로봇이 등장했어. 잎으로 곤충 같은 작은 동물을 잡아서 양분을 얻는 식물을 통틀어 식충 식물이라고 해. 파리지옥풀이 대표적인 식충 식물이지.

여기서 잠깐 쉬어 가야지.

꽉!

파리지옥풀은 축축하고 이끼가 낀 곳에서 곤충을 잡아먹으며 사는 여러해살이 식물이야.

20~30센티미터 높이의 줄기 끝에 흰색의 작은 꽃이 둥글게 무리 지어 피지.

으아악!

길이가 8~15센티미터인 잎은 두 장이 중심선에 경첩 모양으로 달려 있어. 이파리 가장자리에는 가시 같은 톱니, 잎 안쪽에는 감각모라 불리는 세 쌍의 긴 털이 있지. 감각모에 먹잇감이 닿으면 양쪽으로 벌어져 있던 잎이 순간간에 닫혀.

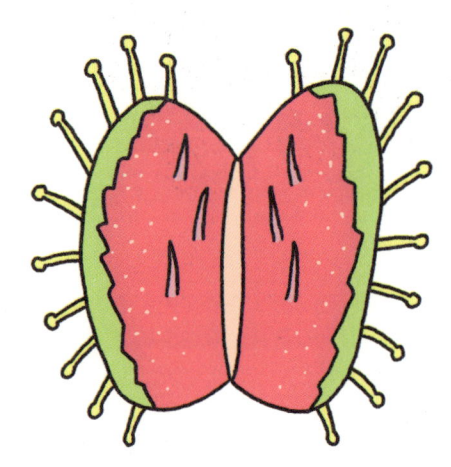

2011년 8월 미국 메인대학교 기계 공학과의 모센 샤힌푸르는 파리지옥풀 로봇을 발표했어.

이 로봇에는 감각모에 해당하는 작은 털들이 달린 두 장의 잎이 있어. 이 털들을 접촉하면 마주 보는 두 잎이 순식간에 달라붙지.

우리나라에서도 파리지옥풀의 반응 원리를 모방한 인공 근육을 개발했어. 파리지옥 로봇을 만든 고분자 물질을 안면이 마비된 환자에게 이식하면, 파리지옥풀 이파리가 빠른 속도로 움직이듯 순식간에 환자가 원하는 표정을 지을 수 있다는 거야.

파리지옥풀처럼 실제로 파리를 잡아먹는 로봇도 개발되고 있어. 에코봇은 배터리가 아닌 음식물, 즉 파리로 에너지를 충당하는 로봇이야. 가스트로놈처럼 스스로 에너지를 해결하는 로봇인 셈이지.

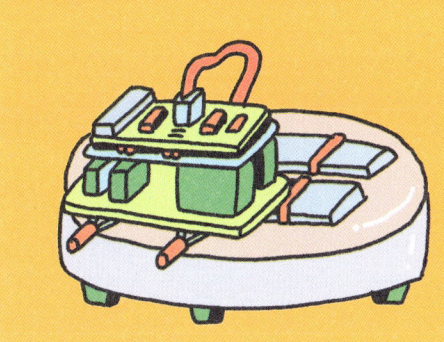

에코봇 II는 여덟 개의 미생물 연료 전지를 갖고 있어. 각 연료 전지에는 하수와 오물이 채워져 있지. 여기에 죽은 파리를 한 마리씩 집어넣는 거야. 그럼 오물에서 바글거리는 박테리아들이 파리를 먹어 치우지.

박테리아가 파리를 분해하면서 설탕이 생기는데, 박테리아는 이 당 분자를 섭취하고 노폐물을 배설해. 이 과정에서 박테리아가 방출한 전자가 전류를 발생시키는 거야.

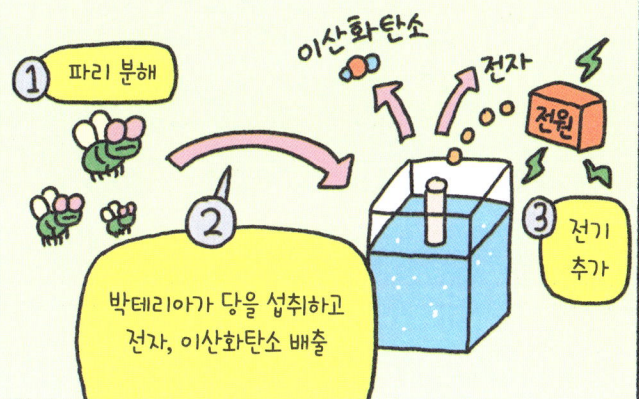

에코봇을 개발한 이오애니스 이에로폴로스는 사람이 죽은 파리를 넣어 주는 것이 아니라 로봇이 스스로 살아 있는 파리를 포획할 수 있어야 한다고 생각해. 파리지옥 로봇 기술로 에너지를 생산할 뿐만 아니라, 에너지의 원료도 스스로 조달하는 로봇 개발을 연구하고 있는 거야.

박테리아 로봇

마이크로 로봇은 사람은 물론 큰 로봇이 작업을 해낼 수 없는 영역, 즉 현미경 아래로 끝없이 펼쳐지는 미시의 세계에서 사람 대신 임무를 수행하는 로봇이야. 이를 테면 인체의 혈관 속으로 들어가 수술을 하는 거지.

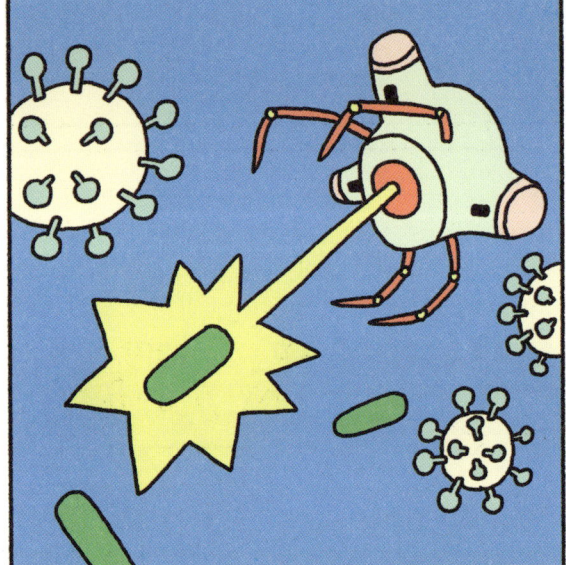

사람의 몸속으로 들어가서 질병을 치료하는 마이크로 로봇 개발의 가장 어려운 문제는 로봇을 움직이게 하는 모터야. 로봇의 크기가 작아질수록 모터의 크기 역시 작아져야 하는데, 초소형 모터를 만드는 건 정말 어려운 일이거든. 그래서 모터를 사용하지 않고 로봇을 움직이게 할 수 있는 방법을 연구하고 있어.

너무 작아서 모터가 들어갈 자리가····.

모터 대신 사용될 구동 장치로는 박테리아가 손꼽혀. 박테리아는 채찍처럼 생긴 꼬리, 곧 편모를 사용하여 혈액 속에서 헤엄치거든. 박테리아를 로봇에 다리처럼 달면 로봇이 구동 장치 없이 사람 몸속을 돌아다닐 수 있다는 거야. 박테리아와 로봇을 결합한 박테리아봇을 처음 선보인 사람은 미국 카네기멜론대학교의 메틴 시티야.

박테리아! 너희가 희망이야!

우리나라에서는 한국 마이크로 의료 로봇 연구원의 박종오 원장이 박테리아 로봇을 연구하고 있어. 한 변의 길이가 30마이크로미터인 정육면체 겉면에 운동 능력이 매우 뛰어난 세라티아 마르세센스 박테리아를 붙여 초당 5마이크로미터로 이동시키는 데 성공했지.

이 마이크로 로봇의 몸체 안에 항암제를 집어넣고 겉에 박테리아를 다리처럼 달아 주면, 사람 몸속을 돌아다니면서 암세포 속에 항암제를 뿌릴 수 있을지도 몰라.

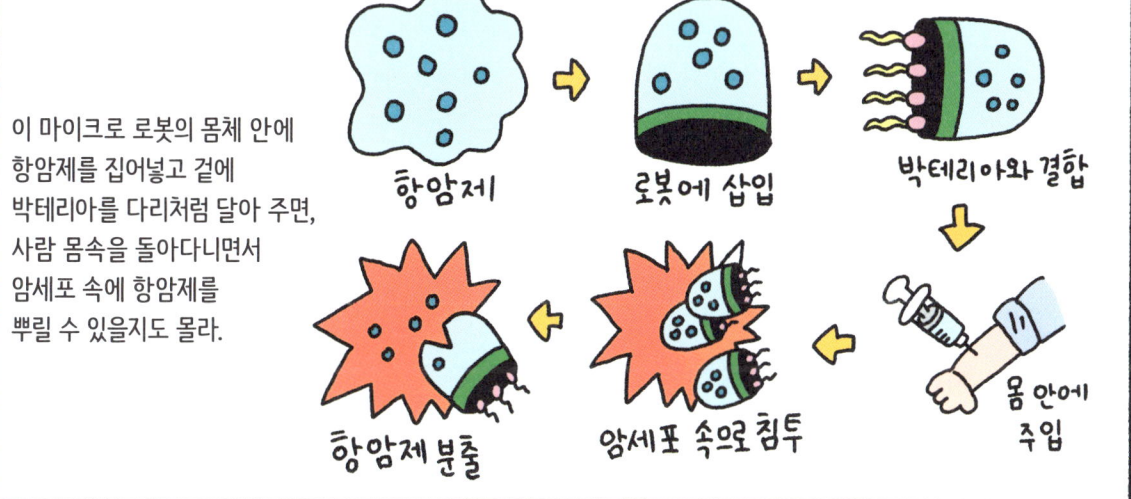

박종오 원장은 박테리아 로봇이 인체의 병든 부위에 약물을 전달하고 암을 치료하는 데 활용될 거라 기대하고 있어.

오리가미로 만물이 변신한다

우산 손잡이의 단추를 누르면 접혀 있던 부분이 펴집니다. 작게 접혀 있다 필요할 때마다 크게 펼쳐지는 구조는 자연에서 흔히 볼 수 있지요. 개양귀비는 꽃잎을 활짝 펴기 전에는 작은 꽃봉오리에 꽃잎을 접고 있습니다. 집게벌레는 평소에 날개가 접혀 있지만 위험이 닥치면 재빨리 작은 날개를 펼치며 날아가지요. 자연의 '접기(fold)'와 유사한 대표적인 생물모방 기술은 다름아닌 '오리가미(origami)'입니다.

오리가미는 일본어 '오리(접다)'와 '가미(종이)'의 합성어로 일본의 종이접기 공예를 의미합니다. 오리가미(종이접기)는 사랑을 고백하거나 소원을 빌기 위해 종이학 천 마리를 접을 때처럼 종이를 접어 골과 마루 구조를 만들어 원하는 입체로 변화시키는 방법인 것이지요. 18세기에 종이학 접기가 등장할 정도로 벌써 수백 년이 된 기술이지만 1950년대에 인기를 얻게 됩니다.

오리가미 기술을 발전시킨 대표적인 인물은 일본 천체 물리학자 고료 미우라입니다. 미우라는 1960년대에 미국 항공 우주국(나사)에서 일하면서 접기 기술로 태양 전지판을 우주로 운반하는 방법을 연구했습니다. 태양 전지판은 로켓 내부의 공간을 덜 차지하기 위해 가급적이면 아주 작게 접힌 상태로 운반되고, 우주 정거장이나 인공위성에 도달하면 다시 펼쳐져서 원래 크기로 돌아가게 하는 기술입니다. 1980년에 국제적으로 '미우라 접기'라고 명명된 이 기술은 1995년에 각광을 받게 됩니다. 미우라 접기로 설계한 태양 전지판이 1995년 3월에 발사된 일본 인공위

성에 처음으로 탑재되어 하늘로 날아갔기 때문입니다.

오리가미는 사람의 몸속부터 우주까지 광범위하게 활용되고 있습니다. 2003년 6월에 영국 옥스퍼드대학교에서 오리가미를 이용하여 심장용 스텐트 시제품을 개발했으며, 2009년 4월에 미국 물리학자인 로버트 랭은 오리가미로 설계한 자동차 에어백을 소개했습니다.

2014년 8월에는 미국의 로봇 공학자인 다니엘라 러스가 스스로 접어서 다양한 형태로 바뀌는 오리가미 로봇을 발표했습니다. 세계 최초의 트랜스포머, 즉 변신 로봇이라 불리는 접기 로봇입니다. 2018년 3월에 서울대학교의 조규진 교수는 종이접기로 로봇 팔을 개발해 드론에 장착했습니다.

종이접기는 우주 공간에서도 크게 활용될 전망이에요. 우주 망원경 렌즈, 인공위성 태양 전지판, 심지어 우주선까지 오리가미 기술로 개발되고 있습니다. 문득 종이학 천 마리가 우주로 날아오르는 상상을 하게 되는군요.

오리가미 로봇 팔

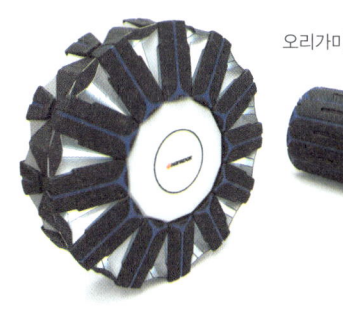

오리가미 바퀴

© 서울대학교 조규진 교수 바이오로보틱스 연구실

인체 부품을 보완한다

생물모방 연구가 인류의 삶에 가장 직접적으로 기여하는 분야는 신경 보철이야.
신경계의 결손 부위, 가령 눈·코·팔·다리를 본떠 만든
장치를 개발하여 손상된 감각 기능이나 운동 기능을
복구 또는 보완해 주는 거지. 인공장기 연구도 활발히 진행 중이야.
자연을 본뜬 신경 보철은 우리의 삶을 어떻게 바꿀까?

인공 장기와 신경 보철

우리 몸의 일부가 고장 났을 때 새것으로 바꿀 수 있다면 더 건강하게 오래 살 수 있지 않을까?

머리끝에서 발끝까지 손상된 신체 부위를 대체할 수 있는 인공 장치가 개발되고 있다고 해. 인공 뼈와 인공 관절, 힘줄·근육·피부 등의 인공 조직이 신체의 기능에 버금갈 정도로 정교하게 개발되어 실용화되고 있지.

인공 수정체와 인공 치아, 의수족은 일찌감치 상업적으로 생산 중이야. 생명에 직결되는 인공 신장, 인공 심장, 인공 췌장도 집중적으로 개발되고 있어.

특히 신경계의 경우, 뇌의 기능을 연구하는 신경 과학의 발전에 힘입어 손상된 부위를 보완하는 기술이 활발하게 연구, 개발되고 있지.

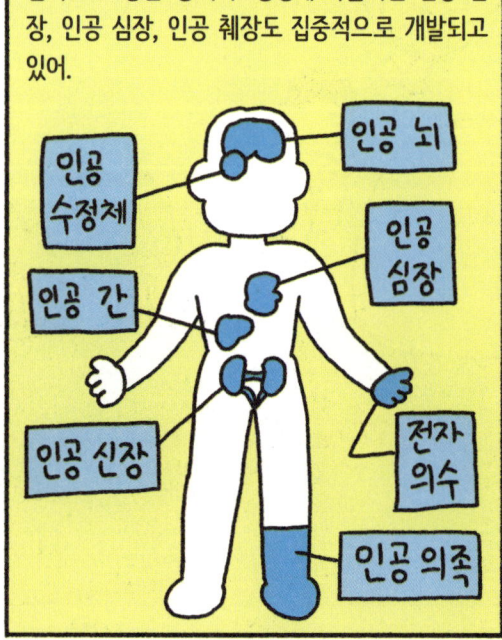

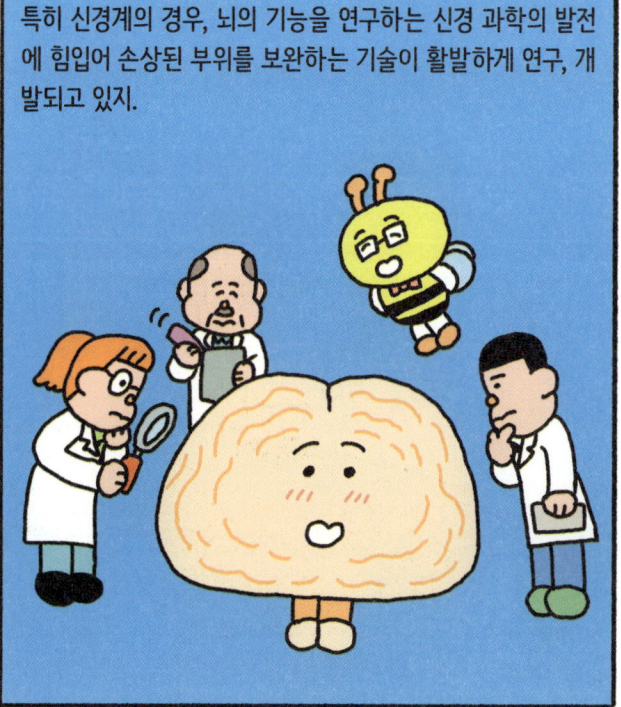

신경계는 외부 환경의 정보를 처리하여 인간의 행동을 통제하는 기관이야. 외부 정보는 맨 먼저 감각 기관의 수용기 세포에서 탐지하는데, 감각 수용기는 입력된 정보를 감각 신경 세포(뉴런)로 보내. 감각 뉴런이 이 정보를 뇌로 전달하면 정보가 처리되는 거야. 뇌에서 처리한 정보는 운동 뉴런이 효과기 세포로 보내고, 효과기는 정보의 처리 결과에 맞는 신체의 반응을 일으키지.

따라서 신경계가 일단 손상되면 감각 또는 운동 기능의 장애가 발생해. 이러한 장애를 극복하기 위해 인위적인 방식으로 신경계의 결손 기능을 복구 또는 보완하려는 시도를 '신경 보철'이라고 해.

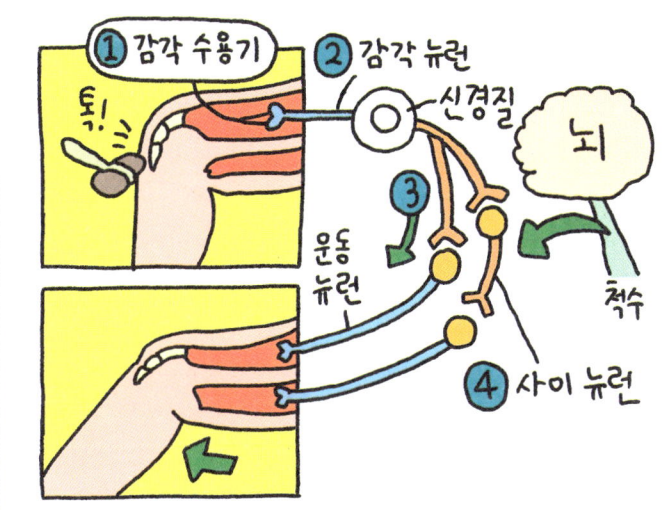

신경 보철 연구의 주된 목표는 신경계의 결손 부위를 대체 또는 보완하는 '신경 제어 장치'를 개발하는 거야.

신경 제어 장치는 ❶ 인공 눈과 인공 귀 ❷ 마비된 근육 자극 장치 ❸ 심장 박동 조절 장치(페이스메이커) ❹ 통증 감소를 위한 신경 자극 장치 ❺ 손을 사용하지 않고 생각만으로 기계를 움직이는 뇌-기계 인터페이스 장치 등 다양해.

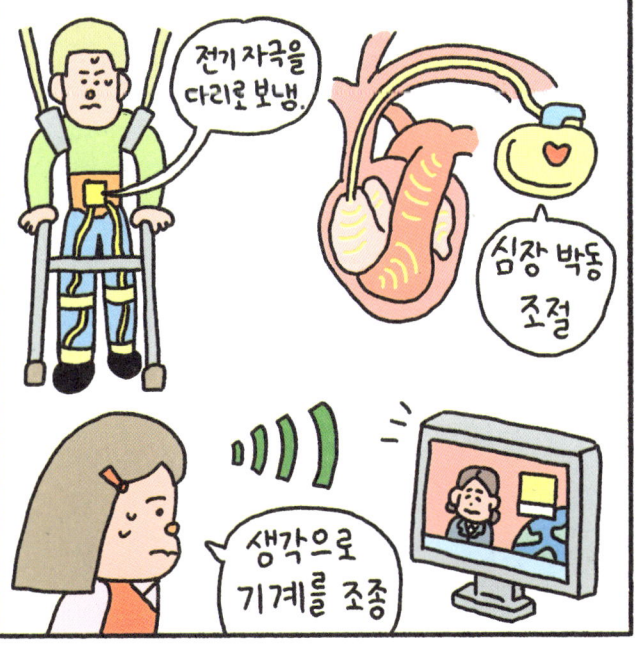

코끼리와 보청기

땅을 통해 전달되는 진동은 공기보다 두 배 정도 멀리 가. 동물들은 지진 신호, 곧 땅속에서 전달되는 진동을 감지할 수 있는 것으로 알려져 있어. 거미나 전갈 따위의 작은 동물뿐만 아니라 사자나 코끼리 같은 대형 육상 동물이 땅의 진동을 의사소통 수단으로 사용하지.

1997년 미국 스탠포드대학교의 케이틀린 오코넬-로드웰은 코끼리가 발에 있는 진동 감지 신경으로 사람 귀에는 들리지 않는 낮은 주파수의 소리를 먼 거리에서도 들을 수 있다는 사실을 밝혀냈어.

태국의 코끼리가 바다 밑의 지진으로 갑자기 발생한 해일의 소리를 감지하고, 스스로 사슬을 끊은 뒤 안전한 곳으로 대피한 사실이 보도된 적도 있지.

코끼리가 큼지막한 발로 바닥을 치면 땅속에 강력한 지진 신호를 일으켜. 그럼 다른 코끼리들이 코, 무릎, 발바닥을 통해 이 소리를 감지해 의사소통을 하는 거야.

2000년 〈미국 음향학회지〉 12월 호에 실린 논문에 따르면, 코끼리는 발을 굴러서 땅속을 통해 16킬로미터까지 신호를 보낼 수 있어.

그러나 인간이 만들어 내는 소음 공해로 코끼리들이 지진 신호를 제대로 주고받지 못해 고통을 받고 있다고 해. 슬픈 일이지.

아프리카 나미브의 국립 공원에서 코끼리 떼를 관찰한 오코넬-로드웰은 코끼리의 지진 감지 능력을 사람의 청각 장애 해결에 응용하는 아이디어를 생각해 냈어. 보청기를 만들기로 한 거야.

잠깐! 저 원리를 보청기에 쓴다면?

오코넬-로드웰은 피부에 밀착되는 패치를 개발 중이야. 이 패치는 소리를 뇌가 인식할 만한 진동으로 바꿔 줘. 비장애인보다 진동 촉감이 더 예민한 청각 장애인에게 꼭 필요한 패치라고 할 수 있지.

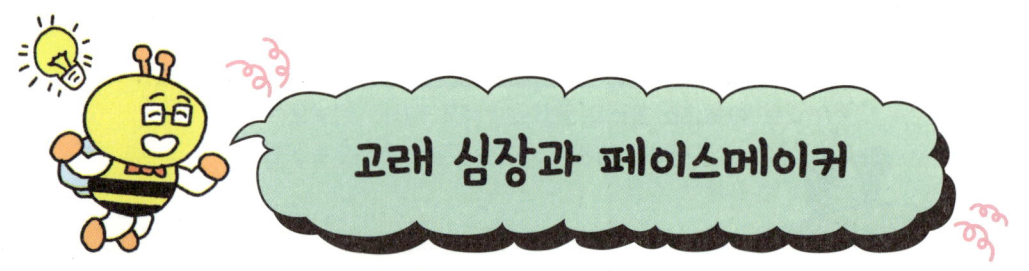

고래 심장과 페이스메이커

사람의 피는 1분에 세 번 온몸을 순환해. 혈액 순환이 원활하려면 심장이 규칙적으로 줄었다 늘었다 하는 수축 운동, 곧 박동을 해야 하지.

심장 박동이 불규칙한 상태를 부정맥이라고 해. 부정맥은 심장 박동 조절 장치인 페이스메이커로 고칠 수 있어. 전지가 연결된 페이스메이커는 심장이 규칙적으로 움직이도록 심장 근육에 전기 충격을 보내는 의료 기기야. 신경 제어 장치 중 하나라고 할 수 있지.

최초의 페이스메이커는 1950년대에 발명되었어. 1958년 미국의 기술자가 최초의 외장형 페이스메이커를 개발한 거야. 작은 상자에 들어 있는 이 장치는 환자의 피부를 통해 심장 근육에 부착된 전극으로 연결되지.

같은 해에 스웨덴에서는 가슴을 절개하는 수술을 통해 페이스메이커를 심근에 부착된 전극에 연결했어. 이는 사람의 몸속에 페이스메이커를 이식한 최초의 수술이야. 그런데 이식 수술 이후 3시간 만에 고장이 났어. 두 번째 장치 역시 이식 후 이틀밖에 작동하지 않았지.

세계 최초로 페이스메이커를 이식받은 이 환자는 86세에 세상을 떠나기 전까지 26개의 페이스메이커를 이식받았어. 페이스메이커를 발명한 사람이나 자신에게 최초의 이식 수술을 해 준 의사보다 더 오래 살았어.

1950년대 영국 케임브리지대학교를 졸업한 콜롬비아 출신의 호르헤 레이놀즈는 페이스메이커를 연구하기 시작했어. 레이놀즈는 그동안 자신이 만든 페이스메이커의 모든 특허를 다른 사람에게 넘기고, 남은 생을 페이스메이커 연구에 바치기로 결심하지.

레이놀즈가 몰두한 연구 대상은 고래 심장이었어. 그는 고래의 심장 박동을 연구하기 위해 먼저 심전도 기록 장치를 고안했어. 고래의 몸에 이 장치를 직접 부착해야만 했는데, 레이놀즈는 배 위에서 고래를 한 마리씩 잡아 직접 이 일을 해냈지.

고래 심전도 기록 장치에서 나온 정보는 인공위성을 통해 연구실로 전송되었고, 50여 년에 걸친 연구 끝에 레이놀즈는 1만 개가 넘는 고래 심전도 기록을 얻을 수 있었어.

이 연구를 통해 레이놀즈는 고래가 전기를 생산하는 능력이 있다는 사실을 알게 되었어. 고래는 놀랍게도 칼슘(Ca), 나트륨(Na), 칼륨(K)을 이용하여 6~12볼트의 전기를 생산했어. 이 연구에서 영감을 얻은 레이놀즈는 혁신적인 페이스메이커를 고안해.

레이놀즈의 페이스메이커는 고래 스스로 전기를 만들고 흐르게 하는 것처럼, 이미 사람 심장에 있는 전기를 사용하면서 단지 전기의 전도성만 향상시켜. 레이놀즈는 기존 페이스메이커와 동일한 전력을 사용하는 나노 크기의 탄소 튜브를 개발했어. 이 나노 튜브 전도체는 건강한 세포에서 치료가 필요한 심장 부위로 전류를 흘려 보내지.

이 장치는 고래의 몸에서 성공적으로 작동하긴 했지만, 미국 식품 의약품국의 승인을 받기까지는 엄청난 액수의 개발 비용이 더 들 거라고 해. 어쨌거나 레이놀즈는 고래에서 영감을 얻어 전지가 필요 없는 의료 기기를 만들 수 있다는 걸 보여 주는 데 성공한 셈이야.

청색경제

2008년 10월 스페인에서 열린 세계 자연 보전 연맹 회의에서 '자연의 100대 혁신 기술'이라 불리는 보고서가 발표되었습니다. 세계 자연 보전 연맹과 유엔 환경 계획의 후원을 받아 마련된 이 보고서는 생물에서 영감을 받거나 생물을 모방한 2100개 기술 중에서 가장 주목할 만한 100가지 혁신 기술을 선정하여 수록한 것이지요.

이 보고서를 만든 사람은 재닌 베니어스와 군터 파울리입니다. 파울리는 벨기에 출신의 저술가이자 기업가, 환경 운동가입니다. 그는 1994년에 일본 정부의 후원을 받아 생물영감 연구 조직인 제리(ZERI) 재단을 설립했지요.

2009년 5월에 베니어스와 파울리는 이 보고서를 같은 제목의 책으로 발간했고, 2010년 6월에 파울리는 자연의 100대 혁신 기술을 경제적 측면에서 조명한 저서인 《청색경제(The Blue Economy)》를 펴냈습니다. 파울리는 "하늘도 청색이고, 바다도 청색이고, 우주에서 내려다본 행성 지구도 청색"이어서 청색경제라는 명칭을 만들었다고 훗날 술회했지요. 이 책의 부제는 '10년 안에, 100가지의 혁신 기술로 1억 개의 일자리가 만들어진다'입니다. 파울리는 이 책에서 100가지의 생물영감 및 생물모방 기술로 2020년까지 10년 동안 1억 개의 청색 일자리가 창출되는 청사진을 제시했어요. 100가지 사례를 통해 자연 세계의 창조성과 적응력을 활용하는 청색경제가 고용 창출 측면에서 매우 인상적인 규모의 잠재력을 지녔음을 확인한 셈이지요.

파울리는 청색경제에 대한 기대감을 다음과 같이 피력했습니다.

"녹색경제(그린 이코노미)는 환경을 보존함과 동시에 동일한 수준이거나 심지어 더 적은 이익을 성취하기 위해 기업에게는 더 많은 투자를, 소비자들에게는 더 많은 지출을 요구해 왔다. … 만일 우리가 시야를 바꾼다면, 우리는 청색경제가 단순히 환경을 보존하는 차원을 뛰어넘어 지속 가능성의 쟁점을 제기하고 있음을 깨닫게 될 것이다. 청색경제는 무엇보다 재생을 약속한다. 청색경제는 생태계가 진화 경로를 유지하여 모든 것이 자연의 끊임없는 창조성, 적응력, 풍요로부터의 혜택을 누리도록 보장해 주려는 것이라고 말할 수 있다."

파울리는 2015년에 《청색경제 버전 2.0》, 2017년에 《청색경제 버전 3.0》을 펴냈어요. 《청색경제 버전 2.0》의 부제는 '40억 달러를 투입하여 200개 프로젝트를 실행하고 300만 개 일자리를 만들다'입니다.

2019년 12월 2일 네덜란드 로테르담에서 청색경제를 창안한 군터 파울리가 청색기술이 창안된 《자연은 위대한 스승이다》(이인식 지음)에 "Nature is my inspiration(자연은 나에게 영감을 준다)"이라고 적고 서명했습니다.

자연의 100대 혁신 기술

'자연의 100대 혁신 기술'은 1억 개의 일자리를 창출하는 방안을 제시합니다. 자세한 내용은 제리 재단 홈페이지(www.zeri.org)에서 찾아볼 수 있습니다.

순위	혁신 기술	생물	잠재적 기회
1	열대 우림 재생	카리브소나무, 균근	물, 식량, 연료, 탄소 배출량
2	순환 농법과 식품 가공	구더기	자연에서 재배하고 가공한 식품, 청정 식수, 생물 연료, 도시 정원
3	펄프로 단백질 생산	식물, 버섯, 동물	버섯, 생물 연료, 동물 사료, 수출 작물, 토착 식품
4	이산화탄소로 생물 연료 생산	스피루리나	이산화탄소 포집, 식량, 생물 연료, 생물 플라스틱
5	순환 생산 양조장	식물, 동물, 버섯, 조류, 박테리아	맥주, 버섯, 빵, 소시지, 생물 연료, 물
6	토지를 재생하는 실크	누에, 황금거미	강철과 티타늄 대체, 의료 기기, 면도날에서 화장품까지 다양한 소비재
7	대나무 주택	대나무	물, 탄소 포집, 건축 자재, 생화학
8	빠르고 저렴한 건축을 위한 건축 자재	나무 섬유소	재생 가능한 종이를 건축 자재로 활용, 응급 피난 장소
9	생태학적 폐수 처리	식물, 조류, 버섯, 물고기, 박테리아	물, 버섯, 바이오 가스, 비료
10	식품 추출 방화제	감귤류 껍질, 포도 찌꺼기	농업 폐기물 재활용, 건강 증진 제품, 광업
11	재활용이 불가능한 유리를 건축 자재로	이산화규소(실리카)	다목적 건축 자재, 소비재, 농업 제품
12	열대 우림에서와 같은 공기 흐름	열대 우림 생태계	수목원, 공기 정화, 에너지 절약, 실내 디자인
13	자외선 차단	에델바이스, 토마토	착색, 화장품, 건강 등을 위한 다기능 재료
14	음식물 쓰레기 전분을 플라스틱으로	균류	생물 플라스틱, 매립 쓰레기 감소, 동물 사료, 생물 연료
15	나무를 식량으로	나무, 균류, 동물	숯, 버섯, 동물 사료, 건설용 나무, 뿌리덮개
16	초원의 생물 연료	기름을 함유한 식물 과 열매	관광, 생물 연료, 생물 다양성
17	배터리 없애기	고래, 온혈 동물	전자 장치, 의료 장비, 게임, 장난감, 의류

순위	혁신기술	생물	잠재적 기회
18	제련 없애기	박테리아	순수 금속, 에너지 효율성, 전자 쓰레기 처리, 광산업
19	유독성 화학 제품 없애기	중력에 의해 생성되는 소용돌이	식수, 살충제 대체, 얼음 제조, 관개
20	냉장고 없애기	완보동물(물곰), 재생 고사리	백신, 의약품, 식량 보존
21	풀 없애기	도꼬마리	소비재 산업
22	살균제 없애기	홍조	농업, 오일과 가스, 식품 가공, 소비재, 보건, 의약품
23	삼투 작용 없이 물 재생	나미브사막풍뎅이	식수, 열섬 효과 감소, 에너지 효율성
24	비누 없이 세척	연잎	건축, 페인트, 자동차 디자인, 판유리
25	윤활제나 볼베어링 없애기	모래물고기, 도마뱀	기계, 차, 가전제품, 마이크로 전자 기기 등의 기계적 마찰
26	안료 없이 색깔 내기	조류, 풍뎅이	화장품, 페인트, 크리스털, 섬유
27	프레온 가스 없이 추진력 확보	폭격수풍뎅이	의료, 화장품, 안전장비, 광산
28	기계 없이 실내 공기 조절	흰개미, 얼룩말	부동산 개발, 주택, 학교, 사무 및 공공건물, 양로원, 산업 단지
29	뿌리에서 발생하는 열	식물 분해로 덥혀지는 뿌리	바닥 난방, 원예, 수목원
30	이산화탄소 배기가스에서 탄산칼슘을	천연 탄산가스	시멘트 산업, 화력 발전소, 제련, 세라믹
31	알루미늄 포장 없애기	호주사막개구리	식품, 음료, 의약품, 화장품
32	열 없이 세라믹 생성	전복, 붉은지렁이	마이크로 전자 기기, 엔진, 에너지 효율 서비스
33	화학 약품 없는 종이	흰개미	종이, 소비재, 단열재
34	수은 없는 빛	해파리, 균류	조명(특히 광산 내에서)

순위	혁신기술	생물	잠재적 기회
35	용해제 없애기	홍조	모든 종류의 화학 응용 분야
36	무통 주삿바늘	모기	당뇨병 치료, 백신, 동물 치료
37	구더기 치료법	구더기	도살장, 식품, 보건
38	수질 정화	아쿠아포린(세포막 단백질)	마이크로 전자 기기, 식품 가공, 응급 용수 공급
39	흑연에 의한 수질 여과	대합	도시 및 산업용 물 처리 시스템
40	수질 정화	낙엽송	강물 복구
41	수질 정화	권총새우	마이크로 전자 기기, 의약품, 분무 화학물, 화장품, 식품, 음료
42	규조토를 사용한 충격 조절	규조토	건설, 광산업
43	일산화탄소 및 이산화탄소로 플라스틱 생산	감귤류	마이크로 전자 기기, 맞춤형 플라스틱, 식품 포장
44	조류에서 폴리에스테롤 생산	스피루리나	화장품, 식품 포장, 나노 크기의 폴리머
45	전기 물고기에서 생물 배터리	전기가오리	휴대 가능 소형 전자 제품
46	에너지 보존을 위한 알고리즘	개화식물	가정의 실내 온도 조절, 농업
47	납 포획	황색 제라늄	쓰레기 처리, 수질 정화, 마이크로 전자 공학, 자동차 배터리 재생
48	구리 포획	나무귀버섯	전선, 색소, 전자 제품 쓰레기, 자동차 재생, 토질 회복
49	피보나치 코드 난류 적용	앵무조개	환기, 액체 혼합, 수질 정화, 컴퓨터 냉각
50	풀, 너트, 볼트를 사용하지 않는 접착제	도마뱀붙이	항공기, 자동차 산업
51	포름알데히드를 사용하지 않는 접착제	홍합	목재 가공, 다중 포장

순위	혁신기술	생물	잠재적 기회
52	천연 항생제	매자나무	식품 가공, 청정 제품, 개인용 보건
53	조류 독감 방역	독수리	공공건물 관리, 공기 정화, 냉난방
54	황열병 방역	아시아들소	공공건물(학교, 병원, 식당) 위생 관리
55	항곰팡이 화학물	붉은강낭콩	건물 관리, 식품 가공, 목재 가공, 농업 화학
56	응결된 식수	선인장 가시	농업 및 관개 시스템, 장식용 식물, 사무용 건물 관리
57	바닷물 염분 제거	펭귄	도시 상수 공급, 긴급 수원 확보, 해운, 오일, 가스
58	소금 박막	폴리네시안 박스 과일	해변 지역 식수 공급, 해상 운송
59	공기로부터 식수 조달	사막 식물	건물 관리, 농업
60	자기 정화 표면	전복	위생용 세라믹
61	세라믹 합성	글리세라 벌레	엔진, 마이크로 전자 공학
62	윤활제	규조류	에어백과 같은 마이크로 전자 기기 시스템
63	백색 착색	다색풍뎅이	식품, 화장품, 화학, 플라스틱, 종이
64	하중에 견디는 포장	해삼	포장, 전자 공학
65	늘어날 수 있는 포장	펠리컨	음료, 연료 용기, 액체 상태 의약품
66	방수	벌	생물 플라스틱, 물병, 건축 자재(지붕)
67	종이 생산을 위한 목질 가공	백색균류, 박테리아	일회용 소비자 종이 제품, 단열재
68	에이즈 시험 키트에 사용되는 청색광	심해 갑각류	의료 기기

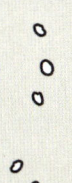

순위	혁신기술	생물	잠재적 기회
69	건물용 배관	사람 호흡 기관 및 소화 기관	건축업, 도시 계획
70	박막 태양 전지	식물 잎	섬유, 온실, 건물, 화학 산업
71	집광형 태양열 발전	잠자리	물 가열, 발전
72	열 보전	참다랑어	섬유, 수중 엔지니어링
73	항력 감소	돌고래, 고래	풍력, 항공, 자동차 설계
74	공기 역학적 효율	거북복	자동차 설계
75	고체 상태 에너지	지의류	안전 시스템
76	생물 촉매	해조류	화학, 식품 가공
77	파도 에너지	미역	운동 에너지, 해변 지역 개발
78	교통 혼잡 감소	떼지능	통신, 교통 적체 관리
79	자동 난방	아룸	농업(원예 및 온실)
80	동결 방지	풍뎅이	자동차, 식품 보전, 의약품
81	실리콘 부착물	해면	전자 공학, 화장품
82	왜곡 없는 렌즈	거미불가사리	광학, 전자 제품, 보안장치
83	칩의 자기 조립	규조류	마이크로 전자 기기
84	전도성	고래	페이스메이커, 바이오 센서
85	전도성 젤	상어	의료기기, 이동 마이크로 전자 기기

순위	혁신기술	생물	잠재적 기회
86	박막 렌즈	문어	안전 시스템, 원격 감시 장치, 교통 제어
87	적외선 렌즈	보석풍뎅이	소방 안전, 방위 산업, 주방 기기
88	레이더 공항 보안	박쥐	보안 시스템, 교통 제어
89	음파 위치 탐지기	브라질파리	보청기, 보안 시스템
90	음향 렌즈	분홍돌고래	보청기, 보안 시스템
91	소리 전달	코끼리	의료 기기, 보청기
92	광학섬유	해면	조명, 통신
93	수중 데이터 전송	돌고래	통신, 오락
94	방수	소금쟁이	피부 관리, 화학, 섬유, 신발
95	방습제	사막바퀴벌레	건물 관리, 의료, 식품 보전
96	말라리아 제어	거미	의약품 대체
97	방사선 피해 복구	박테리아	화장품, 의약품, 방사선 치료
98	충격 흡수	딱따구리	자동차, 승강기, 지진 다발 지역 건물 설계
99	체지방 감소	동면 동물	보건, 식품 가공
100	위산 감소	위주머니개구리	의약품, 기능성 식품

☆출처: 《청색경제》, 군터 파울리, 2010
《자연은 위대한 스승이다》, 이인식, 2012

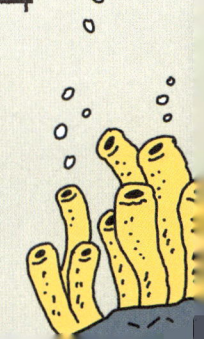

찾아보기 (사람 이름)

ㄱ
가토 이치로加藤郎 102
고료 미우라公亮三浦 116
군터 파울리Gunter Pauli 99, 126~127
김상배 31

ㄷ
다르시 톰슨D'arcy Thompson 84
단게 겐조丹下健三 85
대니얼 노세라Daniel Nocera 59

ㄹ
라차로 스팔란차니Lazzaro Spallanzani 18
랜디 루이스Randy Lewis 51
레오나르도 다 빈치Leonardo da Vinci 10
레이 앤더슨Ray Anderson 74
로드니 브룩스Rodney Brooks 106
로버트 풀Robert Full 105
론 피어링Ron Fearing 31
르네 앙투안 레오뮈르 Rene-Antoine R'eaumur 12~13

ㅁ
마르코 도리고Marco Dorigo 110
마이클 폴린Michael Pawlyn 98
마크 브루넬Marc Brunel 20~21
멜빈 캘빈Melvin Calvin 58
모센 샤힌푸르Mohsen Shahinpoor 112

믹 피어스Mick Pearce 89
밍준 장Mingjun Zhang 35

ㅂ
박종오 115
반 시게루坂茂 92
봉 드 생틸레르Bon de Saint-Hilaire 50
브루스 로저Bruce Roger 41
빌헬름 바르트로트Wilhelm Barthlott 37

ㅅ
산티아고 칼라트라바Santiago Calatrava 84
새지브 존Sajeev John 76
서갑양 31
세실리아 라스치Cecilia Laschi 109
시몬 벨레스Simon V'elez 92

ㅇ
안데르스 나이퀴스트Anders Nyquist 87
알렉산더 그레이엄 벨Alexander Graham Bell 23
알베르트 아인슈타인Albert Einstein 76
앤드루 파커Andrew Parker 38
앤절라 벨처Angela Belcher 52
엘리 야블로노비치Eli Yablonovitch 76
오준호 104
오토 릴리엔탈Otto Lilienthal 17
요하네스 반 데르 발스Johannes van der Waals 31
요한 필리프 라이스Johann Philipp Reis 22
윌리엄 셰익스피어William Shakespeare 45
윌리엄 휠러William Wheeler 90
이오애니스 이에로풀로스Ioannis Ieropoulos 113
이해신 33

ㅈ
자크 드 보캉송Jacques de Vaucanson 14~15
자크 몽골피에Jacques Montgolfier 16

재닌 베니어스Janine Benyus 10~11, 26~27, 96~97, 126
제이 하먼Jay Harman 66
제프리 오진Geoffrey Ozin 77
조규진 115
조르주 드 메스트랄George de Mestral 8~9
조애나 아이젠버그Joanna Aizenberg 78~79
조제프 몽골피에Joseph Montgolfier 16
조지프 팩스턴Joseph Paxton 24~25
줄리언 빈센트Julian Vincent 55

ㅊ
차형준 33
찰리 파튼Charlie Paton 94
채륜蔡倫 12

ㅋ
케이틀린 오코넬-로드웰Caitlin O'connell-Rodwell 122~123
켈라 오텀Kellar Autumn 30~31
크리스토퍼 엘빈Christopher Elvin 49

ㅌ
토마스 스페크Thomas Speck 34
토켈 와이스-포그Torkel Weis-Fogh 48
폴 매크레디Paul MacCready 105
프라이 오토Frei Otto 85
피터 아그리Peter Agre 70
피터 헤드Peter Head 96,98

ㅎ
호르헤 레이놀즈Jorge Reynolds 124~125
히로세 시게오茂男広瀬 105

찾아보기(일반 용어)

ㄱ
《건축 속의 생물모방》(마이클 폴린) 98
광결정photonic crystal 76~77
광통신 79
구조색structural colour 77
《군터의 우화》(군터 파울리) 79

ㄴ
나노 기술nanotechnology 25
나미브사막풍뎅이 38~39
뇌-기계 인터페이스brain-machine interface(BMI) 121

ㄷ
다이달로스Daedalos 17
떼로봇 공학swarm robotics 110~111
떼지능swarm intelligence 90~91, 110~111

ㄹ
레실린resilin 48~49

ㅁ
모르포나비Morpho butterfly 76~77

ㅂ
박테리아 로봇bacteria-bot 115
벨크로Velcro 8~9, 63
블루시티BlueCity 81
빅도그BigDog 107

ㅅ
사하라 녹화 계획Sahara Forest Project 95
산호 72~73
생물 강철BioSteel 51
생물모방biomimicry 9, 10~11, 26, 44, 55, 59, 74~75, 96, 98, 116, 126
《생물모방》(재닌 베니어) 10~11, 26~27, 96~98
생물모방 도시 96
생물영감bioinspiration 10~11, 26, 126
샤클렛Sharklet 45, 47
선형경제 80
《성장과 형태》(다르시 톰슨) 84
〈성장의 한계〉(로마 클럽) 60
소용돌이 66~67
소프트 로봇soft-bodied robot 109
수정궁Crystal Palace 24~25
순환경제circular economy 61, 80~81
신경 보철 121

ㅇ
아쿠아포린aquaporin 70~71
에콘크리트ECOncrete 74~75
연잎 효과lotus effect 36~37
오리가미origami 117
오리가미 로봇
완보동물(물곰)tardigrade(water bear) 40~41
이스트 게이트 센터Eastgate Center 89
이카로스Icaros 16~17
인공 광합성 58~59
인터페이스Interface 74

ㅈ
자기 복원self-healing 44
자기 정화self-cleaning 36~37, 44~45
〈자연의 100대 혁신 기술〉 126, 128~133
《자연은 위대한 스승이다》(이인식) 26, 127
지구 온난화global warming 58, 72, 74, 99

지속 가능 발전sustainable development 27, 60~61
지속 가능 발전 목표SDGs 60~61
집단 지능collective intelligence 26, 91

ㅊ
창발(이머전스)emergence 90~91, 111
청색경제blue economy 61, 81, 99, 126
《청색경제》(군터 파울리) 126
《청색경제 버전 2.0》(군터 파울리) 126
청색기술blue technology 26~27, 44~45, 61, 66, 99, 126
초유기체superorganism 90

ㅌ
탄소 중립carbon-neutrality 60

ㅍ
파리지옥 로봇 112~113
파리지옥풀Venus flytrap 112~113
페이스메이커pacemaker 121, 124~125
포섭 구조subsumption architecture 103, 107

ㅎ
해수 온실Seawater Greenhouse 94~95
흡혈박쥐vampire bat 64~65
희망의 빛(또는 레이) 상Ray of Hope Prize 74~75

글 이인식

서울대학교 전자 공학과를 졸업하였다. 현재 지식 융합 연구소 소장, ESG 청색기술 포럼 대표이며, 문화 창조 아카데미 총감독, 국가 과학 기술 자문 회의 위원, KAIST 겸직 교수를 역임했다. 대한민국 1호 과학 칼럼니스트로서 〈조선일보〉〈동아일보〉〈한겨레〉〈매일경제〉 등 신문에 560편 이상의 고정 칼럼을, 〈월간조선〉〈과학동아〉〈주간동아〉〈한겨레21〉 등 잡지에 170편 이상의 기명 칼럼을 연재하며 인문학과 과학 기술이 융합한 지식의 다양한 모습을 소개하고 있다. 2011년 일본 산업 기술 종합 연구소의 월간지 〈PEN〉에 나노 기술 칼럼을 연재하여 국제적인 과학 칼럼니스트로 인정받기도 했다. 중·고등학교 교과서에 과학 칼럼이 160여 편 수록되었다. 제1회 한국공학한림원 해동상, 제47회 한국출판문화상, 2006년 〈과학동아〉 창간 20주년 최다 기고자 감사패, 2008년 서울대 자랑스런 전자동문상을 수상했다.

그림 나인완

귀여운 캐릭터를 기반으로 일러스트를 그리고 애니메이션을 만든다. 꿀꿀돼지 호로로의 '호로로월드'와 귀여운 미식가 마구로센세의 '마구로월드'를 만들고 관련 애니메이션과 이모티콘, 일러스트 작업 등을 하고 있다. 쓰고 그린 책으로는 《초등 어휘력의 격이 달라지는 호로로 8급 한자》《꿀꿀돼지 호로로》《마구로센세의 일본어 메뉴판 마스터》《마구로센세의 일본어 편의점 마스터》 등이 있고, 그린 책으로는 《초등 과학Q: 유전과 혈액》《과학 개념 연구소 1 물질·생명》《과학 개념 연구소 2 에너지·지구》《우리 같이 착한 소비》《한입에 꿀꺽, 운전기사가 사라졌다!》와 〈미디어와 친해지는 미친 어휘력〉〈아빠, 한국사 여행 떠나요!〉 시리즈 등이 있다.

어린이를 위한
자연은 위대한 스승이다

1판 1쇄 인쇄 | 2022. 3. 15.
1판 1쇄 발행 | 2022. 3. 23.

이인식 글 | 나인완 그림

발행처 김영사 | **발행인** 고세규
편집 김인애 | **디자인** 고윤이 | **마케팅** 이철주 | **홍보** 박은경 조은우
등록번호 제 406-2003-036호 | **등록일자** 1979. 5. 17.
주소 경기도 파주시 문발로 197(우10881)
전화 마케팅부 031-955-3100 | 편집부 031-955-3113~20 | 팩스 031-955-3111

© 2022 이인식, 나인완
이 책의 저작권은 저자에게 있습니다. 저자와 출판사의 허락 없이 내용의 일부를 인용하거나 발췌하는 것을 금합니다.

값은 표지에 있습니다.
ISBN 978-89-349-5468-2 77500

좋은 독자가 좋은 책을 만듭니다. 김영사는 독자 여러분의 의견에 항상 귀 기울이고 있습니다.
전자우편 book@gimmyoung.com | 홈페이지 www.gimmyoungjr.com

어린이제품 안전특별법에 의한 표시사항
제품명 도서 제조년월일 2022년 3월 23일 제조사명 김영사 주소 10881 경기도 파주시 문발로 197
전화번호 031-955-3100 제조국명 대한민국 ⚠주의 책 모서리에 찍히거나 책장에 베이지 않게 조심하세요.

《자연은 위대한 스승이다》 추천 내역

★★★★★

- 책으로 따뜻한 세상 만드는 교사들 (책따세) 추천 도서
- 한국 간행물 윤리위원회 '청소년 권장 도서' 선정
- KAIST 영재 기업인 교육원 '청색기술' 과정 교재
- 현대 경제 연구원 '유 소사이어티' 콘텐츠 강연 탑재 (총 10회)
- 한국 공학 한림원 공동 발간 도서
- 2015 창비 〈고등 국어〉 교과서 수록 (2014년 6월)
- 2021 삼성 복지 재단 취약 계층 중학생 독서 온라인 교육 도서 (2021. 10~2026. 9)